U0927189

HUMANS
A BRIEF HISTORY OF HOW WE F**KED IT ALL UP

愚蠢的人类

[英] 汤姆·菲利普斯 著 姜文波 译

文匯出版社

新经典文化股份有限公司
www.readinglife.com
出　品

考虑到本书的主题，
如果献给我的家人，
恐怕会引起严重误解。
所以，我决定把本书献给
曾经把事情搞得一塌糊涂的任何人。
你并不孤单。

目录

开场白

人类历史始于犯蠢

很久很久以前，当太阳在埃塞俄比亚的大河谷和平原上升起时，一只年轻的古猿[1]正懒洋洋地躺在树上。

我们不知道她那天在想什么或做什么。或许她正寻思着找些吃的，或者找个交配对象，又或者想去看看旁边那棵树是不是比这棵更好。她当然也不知道，就因为那天发生的事情，她后来成了她这个物种里最出名的一员——即使你想法子告诉她，名气对她来说也没有任何意义。她也不知道自己在埃塞俄比亚，因为这是几百万年前，还没有人想出在地图上划道道起名字然后为在哪儿划和起啥名打个你死我活的好主意。

她和她的族类跟同时期的其他猿类稍稍有些不一样：他们的髋和腿有点儿特别，这让他们能以一种与众不同的方式移动。他们逐渐从树上下来，开始在大草原上直立行走：正是因为这

---

❶ 猿（ape），在英语里是“愚蠢的”（apish）词根。（本文脚注均为编者注）

个最初的转变，这个星球上最终有了你我以及其他每一个人。但她并不知道，一个最奇妙的故事即将开始，此时正值伟大人类旅程的黎明。

然后她就从树上掉下来，摔死了。

大约320万年后，另一群灵长类(其中一些还拥有博士学位)发掘出了她的骨骼化石。那是1960年代，他们当时正在听一支爆红的利物浦乐队演唱的一首流行歌曲[1]，所以他们决定叫她露西。她是一个全新的物种，如今被称为南方古猿阿法种，被誉为人类与猿类之间“缺失的一环”。露西的发现引起全世界关注：她成了一个家喻户晓的名字，骨架被带到美国多年巡展，如今她仍然是亚的斯亚贝巴国家博物馆的镇馆之宝。

尽管如此，坦白说，我们之所以知道她，唯一原因就是她搞砸了。现在回过头去看，她的悲剧为之后很多人类的命运树立了相当清晰的样板。

本书讲的是人类，和人类把事情搞砸的非凡本领，以及为什么在每一项让身为人类的你感到自豪的成就（艺术、科学、酒吧）之外，总有另一项让你感到困惑和绝望的败笔（战争、污染、机场的酒吧）。

不管你的个人观点或政治派别如何，在最近的某个时刻，你很有可能也环顾了一下世界现状，然后心中暗想：哦，该死的，

---

[1] 此处指的是披头士乐队的歌曲*Lucy in the Sky with Diamonds*。

看看我们都干了什么？

我写这本书就是想给大家一丝丝空洞的安慰：别担心，我们人类一向如此，这不还活得好好的吗！

当然，在我写下这段文字时，距离唐纳德·特朗普与金正恩之间的核峰会还有几周时间，这次峰会能否如期顺利举行尚未可知。不幸的是，本书最终的截稿日期早于他们的会期，所以我没办法现在就确定大家是否死期将至。我只能说，假如你真的正在读这本书，那就证明我们至少挺到了 7 月末[1]。

有很多书讲述人类的杰出成就、伟大领袖、天才发明家以及不屈不挠的人类精神。还有很多书讲述我们犯下的错误，包括个人的错误和全社会的错误。但是，我们是怎么做到迎难而上，一次又一次犯下那么多贻害深远的灾难性错误的呢？从这个角度切入的书籍就没那么多了。

宇宙似乎真的很喜欢耍弄我们，因为讽刺的是，我们之所以会犯下这么多严重错误，原因往往正是把我们与其他动物区别开来、让我们得以成就伟业的那些东西。我们能发现世间万物的规律，我们能相互交流，甚至还有能力想象尚不存在的未来：只要改变了这件事，那件事就会发生，世界就会变得更好一点。

唯一的问题在于……嗯，这些东西没有一样是我们非常擅

---

[1] 特朗普与金正恩于 2018 年 6 月 12 日在新加坡会晤，这是两国首脑的首次会晤。本书原版出版于 2018 年 7 月末，定稿日期早于 6 月。

长的。关于人类过往在这些领域的表现，任何诚实的评估听起来都特别残酷无情，就像跟你有仇的上司给你写的年终考核。我们会臆想并不存在的规律；至于我们的沟通技巧……呃，有时也相当贫乏。说到想象未来和改变世界，我们的历史记录也烂得一塌糊涂，因为我们往往没意识到，改变这件事还会导致另一件事，而且是更糟糕的另一件事，最终的结果就是“哦，我的天哪，不！灾难就要发生了，我们该怎么阻止它”。

无论人类达到怎样的高度，无论我们克服多少挑战，灾难始终埋伏在前头的拐角处。举一个历史上的例子：这一刻，你是 9 世纪挪威的奥克尼伯爵“勇士”西古尔德，刚刚在一场战斗中手刃仇敌“龅牙”迈尔·布莱赫特，马鞍上挂着他的人头凯旋。

下一刻，你是……好吧，你是几天后的西古尔德，因为感染就快没命了。你为啥会感染呢？原来当你挂着迈尔·布莱赫特的人头策马而归时，他那颗突出的龅牙擦破了你的腿。

没错儿，“勇士”西古尔德由此保持着军事史上一项“殊荣”：被自己在几个小时前斩首的敌人搞死了。这教给我们两个重要的教训，一是不能狂妄傲慢，二是要选择重视牙齿护理的敌人。本书的主要焦点将是狂妄傲慢以及随之而来的栽跟头。相比之下，对历史上的牙齿护理水平感兴趣的读者恐怕要失望了。

（另外值得注意的是，“勇士”西古尔德和“龅牙”迈尔·布莱赫特之所以打仗，仅仅是因为西古尔德发出挑战，说要跟布莱赫特来一场“双方只带40名士兵”的战斗。布莱赫特同意了，但是没想到西古尔德出现时带着80名士兵。因此，我们或许还可以从这个故事中吸取另外一个教训，那就是当混蛋也不能没有下限——这恰巧也是本书中反复出现的一个主题。)

历史上有很多倒霉家伙被后人记住，是因为失败而不是胜利，西古尔德只是其中之一。在后面的章节里，我们将快速纵览人类历史以及人类捅出的一个个大娄子。友情提醒：如果你不太喜欢幸灾乐祸，那你最好就此打住，别再读下去了。

人类进步的故事始于我们的思考能力和创造力。这正是人类有别于其他动物的地方——但也正是这一点常常导致我们把自己变成蠢货。

本书的第一章是“**为啥说你的大脑是个白痴**”。在这一章中，我们将先看看祖先的思维有哪些不同之处，然后再看看我们试图理解这个世界的努力怎样一次次落空，我们的头脑怎样一次次耍弄我们，让我们失望，引导我们做出所有那些糟糕、可怕的决定。

第二章是“**长点心吧，地球都要被我们搞废咯**”。在这一章，我们将跟随人类走向农业的黎明，开始塑造周围的世界；我们还要看看自己怎样习惯性地把生活的地方搞得一塌糊涂，以及为什么我们从始至终都不能想清楚这个问题：嘿，如果我们让这条河流改道，最严重的后果可能是什么？

之后是第三章“**吃饱了撑的给动物搬家**”。我们将明白我们一直以来试图控制大自然的努力是多么拙劣，比如一个异想天开的莎士比亚死忠粉因为严重低估鸟类的力量，迎难而上地制造出了巨大的灾难。

随着人类早期社会不断发展和日益复杂化，我们显然需要有人站出来负责做决定。第四章“**头儿可不是想当就能当的**”将介绍一批非选举产生的、绝对糟糕透顶的领导者，第五章“**人多，作死的力量也大**”则将看看民主制度是不是就强一些。

尽管我们一直在设法改造周围世界，但在“看起来就像彻头彻尾的白痴”这一点上，人类的真正潜力一直没有完全发挥出来，直到我们开始环游世界，不同的文明开始相遇。从那时起，我们才真正解放双手双脚，开始犯下一个个极为严重的错误，造下一桩桩极为可怕的罪孽。

第六章是“**战争，又名大型犯蠢现场**”。在这一章，我们将看到人类进行无意义争斗的历史十分悠久；我们还将研究因此发生的一些极其愚蠢之事，包括成功地输给根本没出现的敌人，以及因为忘记时差而搞砸完美的协同攻击计划。

第七章是“**超级傻帽的殖民主义派对**”。我们将跟着地理大发现时期的英雄人物冲向未知世界，并将发现（剧透警告）殖民主义非常坏。

第八章“**写给傻瓜及现任总统的外交指南**”，将教会我们如何优雅处理不同文化之间的接触问题，比如花剌子模的国王怎样做出了历史上最糟糕的政治决定（包括烧掉别人的胡子）。

近几个世纪以来，科技进步开创了一个空前创新、快速变化的新时代，也为人类的失败提供了令人兴奋的新花样。这就是第九章“**狗屁技术热潮**”关注的焦点。我们将看到科学有时也会犯错误，比如只有法国人才能看到的神秘射线，以及犯下20世纪两大灾难性错误的那个家伙。

如今变化发生得如此之快，以至于现代世界可能成了一个令人困惑的地方。第十章是“**我作，故我在**”，将简要回顾一下我们究竟有多少次未能预见到即将来临的可怕新事物。

最后是“**搞砸未来**”。我们将有根据地猜测一下，接下来几个世纪里人类将如何展现自己的愚蠢，并且最终得出结论：我们很可能将被囚禁在我们用自己的垃圾建造的太空监狱里。

* * *

这是一本关于历史、关于把事情搞砸的书。因此很自然地，我有必要指出，我们经常把历史搞砸，甚至砸得一塌糊涂。

问题在于历史并不可靠：没有谁会吃饱了撑的把历史上发生的绝大多数事件都记下来，而且很多书写历史的人很可能弄错，或者疯了，或者在扯谎，或者本身就是极端的种族主义者，甚至常常是这几种情况兼而有之。我们之所以知道“勇士”西古尔德，是因为他的故事出现在《挪威列王传》和《奥克尼萨迦》中。但我们怎么知道这两部文献是否准确？我们能百分之百地确定，这不是一个其实非常好笑但我们搞不懂笑点的古挪威语笑话吗？

我们不能，至少不能完全肯定，尽管历史学家、考古学家以及其他很多领域的专家都取得了令人惊叹的成果。跟我们确信我们不了解的事情比起来，我们确知的事情简直是九牛一毛。而那些我们甚至不知道我们其实不了解的事情，可能还要多得多，但不幸的是，我们连这个也无法确知。

我想说的是，这本关于错误的书本身完全不出错的可能性微乎其微。我会尽力把拿不准的东西讲清楚：哪些是我们非常确定的，哪些我们最多只能有根据地猜测。我已经尽力避开那些“好得可疑”的故事、广为流传但实为杜撰的传闻，以及似乎每讲一次都被添油加醋的历史轶事。但愿我没有搞错。

说到这里，我们又要说回320万年前从树上摔下来的露西。我们怎么知道她是从树上摔下来的呢？是这样，在2016年，美国和埃塞俄比亚的一个联合研究小组在著名的科学杂志《自然》上发表了一篇论文。他们用CT扫描露西的骨骼化石，生成3D影像来重建骨架。他们发现有些骨折是活骨时候发生的，而且从未愈合：这表明骨折发生时她还活着，但没过多久就死了。他们咨询了很多整形外科医生，医生一致认为，这就是一个人从高处坠落的骨折模式。她手臂上的骨折特征表明她曾伸出四肢去抓东西，试图阻止下坠。通过地质研究，他们知道她当时的栖息地是片平坦的林地，附近有条小河：没有悬崖或岩石能让她从高处坠落。结论？露西是从树上摔下来的。

这是一项了不起的研究成果，赢得行内很多专家的好评和认可。唯一的问题在于，包括最初发现露西的唐纳德·约翰逊在内，还有少数专家不相信这个结论。实际上他们说："可拉倒吧，哥们儿，她骨头之所以断了，是因为在地下埋了 320 万年。"（当然这不是他们的原话）

那么……露西是从树上摔下来的吗？或许是。甚至可以说很可能是。从很多方面来说，这正是本书的重点：尽管有这么一番令人赞叹的科学推演，这个结论仍然有可能是错的。你可以是某个领域在全世界范围内的先驱，你可以在个人职业生涯中拥有辉煌成就，你也可以综合古生物学、物理学、计算科学、医学、法医学和地质学等诸多领域令人惊叹的结论，在世界最著名的学术期刊上发表开创性研究成果，为我们了解数百万年前的历史打开一个前所未有的窗口，但是呢，你的研究仍然有被后人推翻的风险，可能有那么一天，有人看了你的研究后说："哈哈哈，一派胡言。"

当你以为已经搞定一切的时候，那也正是始终若隐若现的搞砸幽灵将要出击的时候。

别忘了西古尔德是怎么死的。

第一章

为啥说你的大脑是个白痴

大约在 7 万年前，人类开始真正成为害群之马。

就在那时，我们的祖先开始走出非洲，扩散到世界各地——首先到了亚洲，没多久又进入欧洲。但这会让很多人不开心，因为那时候我们这个物种——智人（Homo sapiens）——并非地球上唯一的人类，绝对不是。当时究竟还有多少人类物种在地球上到处闲逛？这个问题仍然存在一些争议。提取骨骼碎片或 DNA 片段，试图弄清楚到底什么才算独立的物种或亚物种，或者只是同一物种稍稍有点儿怪的变种，这事儿其实很棘手（如果你想跟谁争个脸红脖子粗，那最理想的选择就是走到一群需要打发时间的古人类学家中间）。但是不管你怎样给他们分类，那时候地球上至少还有另外几种人类，其中最著名的就是尼安德特人。在人类走出非洲之后，他们已经在欧洲和亚洲的大部分地区生活超过 10 万年。总的来说，他们混得还算不错。

对他们来说很不幸的是，就在我们的祖先登上地球舞台后，仅仅过了几万年——在进化史上也就是一眨眼的工夫——尼安德特人以及我们所有其他的亲戚就从地表消失了。只要我们一到，邻居就遭殃，这种模式很快就将贯穿整个人类历史。在现代人类进入某个地区之后，用不了几千年，尼安德特人就开始从化石记录中消失，只留下少数幽灵般的基因纠缠着我们的DNA。（很明显，尼安德特人与取而代之的闯入者之间有过一点儿杂交繁殖；举例来说，如果你有欧洲或亚洲血统，那你很可能就有1%到4%的DNA源于尼安德特人）

当这些远房表亲一个个快速走向灭亡时，我们又是怎么幸存下来的？这又是一个有争议的话题。事实上，很多最有可能的解释正是本书中反复出现的主题。有可能是我们迁徙过来时，带来了尼安德特人根本无力抵抗的疾病，一不小心就消灭了他们。（实际上，人类历史有很大一部分就是我们想方设法在旅行中染上疾病，然后相互传染）也有可能我们就是运气好，更有能力适应变动的气候；有证据表明，跟更加孤立、保守的尼安德特人相比，我们的祖先生活在更大的社会群体中，并在一个大得多的地域内交流和交易，这就意味着当寒潮袭来时，他们有更多资源可以利用。

又或者就是我们谋杀了他们，因为，嘿嘿，我们一直这么干。

很有可能，这事儿就没有一个干净利落的解释，因为世事大都是如此。但是，很多看似最合理的解释有一个共同点——

我们的大脑以及我们用脑的方式。这当然不像“我们聪明而他们太笨”那么简单；尼安德特人并不是我们普遍认为的行动迟缓的笨蛋。他们脑容量跟我们一样大，也会制造工具、用火、生产抽象的艺术品和珠宝，那时距离智人来到欧洲并把一切高雅化还有好几万年。但是，跟尼安德特人相比，我们所具有的大多数优势，无论是更强的适应能力、更先进的工具、更复杂的社会结构，还是在群体内和群体间交流的方式，全都跟我们的思维有关。

我们人类的思维方式有点儿特别。我的意思是，这不明摆着吗，看看我们这个物种的名字就知道：Homo sapiens（智人）在拉丁语中的意思就是“聪明的人”（老实说，谦虚从来就不是我们这个物种的典型特征）。

也难怪我们自大，人脑确实是一部了不起的机器。我们能找出环境中的规律，并据此做出合理猜测，给世界建立一个远比我们眼睛所见更复杂的心智模型。然后，在这个心智模型的基础上，进一步做出富有想象力的跳跃：设想出世界将发生的变化，从而改善自身处境。我们还可以把这些想法传达给同类，以便其他人可以做出我们不曾想到的改善，从而将知识和发明转变为代代相传的共同努力。再然后，我们可以说服其他人共同致力于想象中的计划，以便实现谁都不能独立完成的突破。接着，我们以成千上万种不同的方式重复这一过程，一次又一次地重复，于是曾经的疯狂创新变成了传统，而这反过来又孕育了新的创新，直到最终出现所谓的“文化”或“社会”。

不妨这样想：第一步，你注意到圆的东西比参差不齐的东西更容易滚下山坡。第二步，你想明白了，如果用工具把一个东西削得更圆，它就更容易滚动。第三步，你把那些变圆后更容易滚动的东西拿给朋友看，然后他们想出一个主意，把四个这样的东西组合起来做成一辆车。第四步，你建了一支仪式性的战车队，好让人们更深刻地理解你那仁慈又残忍的统治是多么荣耀。然后到了第五步，你开着一辆沃克斯豪尔英速亚[1]在A10公路上兜风，一边听着经典的慢摇歌曲，一边冲着旁边一辆艾迪斯多巴特物流公司的卡车打出下流的手势。

如果你想用上面这段话卖弄学问，那我必须提醒你：就轮子的发明而言，这是一段极不准确的卡通式描述。让人没想到的是，轮子的发明其实非常晚，那时人类文明已经稀里糊涂地混了好几千年。考古史上的第一个轮子出现在大约5500年前的美索不达米亚，但它当时并不用于运输，而是制作陶器用的转轮。似乎又过了几百年，才有人想出这个聪明主意：把陶轮立起来转动，用来搬运东西——最终将给我们带来著名车评人杰里米·克拉克森[2]的进程开始了。上一段文字只是为了说明问题，如果因此冒

---

[1] 沃克斯豪尔（Vauxhall），英国知名轿车厂商，英速亚（Insignia）为2008年发布的车型。

[2] 杰里米·克拉克森（Jeremy Clarkson），BBC一档超高人气汽车电视节目的主持人。他幽默毒舌，经常遭到观众投诉，2015年3月因酒店就餐问题辱骂并殴打制作人遭停职，不久后被解雇。

犯了哪位研究轮子的学者，我道歉。

尽管人脑很了不起，但它也非常怪异，而且容易在最不可能的时刻犯下大错。我们经常会做出可怕的决定，相信荒谬的事情，忽略眼前的证据，想出完全说不通的计划。我们的头脑有能力想出协奏曲、城市以及相对论，却似乎没有能力干脆利落地决定买哪种薯片，非得花上五分钟痛苦地掂量一番。

我们有独特的思维方式，所以能按照自己的愿望，用各种不可思议的方法塑造这个世界；然而，同样是这种思维方式，又使我们始终如一地做出最糟糕的选择，即使我们明知后果有多严重。怎么会这样呢？我们都能把人送上月球了，怎么还会给前任发“那条”短信呢？这一切都归结于人脑进化的方式。

问题在于，作为一个过程，进化并不聪明——它至少蠢得非常持久。对进化来说最重要的是，如果你能在每个转角躲过埋伏在那里的死神，坚持足够长的时间，确保基因传给下一代，任务就完成了。如果没做到，那只能怪你运气不好。这意味着进化真的没什么远见。如果某个特征让你现在占有优势，它就将被选择并遗传下去，不管它是否会拖累数代后的人。同样，进化也不能预见光明的未来——“哎呀，这个特征现在显得有点儿累赘，但是过个一百万年，它对我的后代真的会很有用，相信我”——说这种话毫无意义。进化不是通过预先计划来达成结果，而是简单地把数量多到荒谬的、饥饿且性欲高涨的生物投放到一个危险、冷酷的世界，最后看谁失败的次数最少。

这意味着我们的大脑并不是精心设计的产物，也不是最优的思维机器；相反，它们就是一堆零散的妙招、补丁和捷径，能使远古祖先寻找食物的能力提高 2%，或者在传达“我的妈呀，当心，那是头狮子”这样的概念方面提高 3%。

对生存、互动以及吸取经验教训来说，那些思维捷径——如果你想显得专业点儿，可以称之为“启发式思维”——绝对是必不可少的：你不可能坐下来，从第一原理开始把所需的一切捋清楚。如果我们每次都要完成相当于大规模随机对照试验的认知过程，才能不被每天早上升起的太阳吓到，那我们这个物种将永远一事无成。在看过几次日出之后，对你的大脑而言，更明智的做法就是淡淡地说一句“哦，是的，太阳升起来了”。同样，如果小明告诉你，湖边灌木丛里的紫色浆果让他大病了一场，那么对你来说，最好的选择可能就是相信他，而不是自己也去试吃一下。

只是问题也恰恰出在这里。我们的思维捷径尽管很有用，但是就像所有捷径一样，有时也会把我们领到错误的道路上去。在我们生活的世界里，很多必须处理的问题要比“该不该吃那些紫色浆果”复杂得多，因此思维捷径就经常出错。恕我直言，很多时候你的大脑就是个大白痴（当然我的也不例外，基本上每个人的都如此）。

先来说说发现规律的能力。这里的问题在于，我们的大脑太喜欢找规律了，以至于到处都能看见规律——即使有些地方根本就没规律。如果这仅仅表现为你指着夜空中的星星说“哦吆，快看啊，那是一只狐狸在追一只羊驼”，那这确实不是什么大问题。但是，如果你虚构的规律是“大多数犯罪都是某个特定族群干的”，那这……呃，这就真的是个大问题。

有很多术语形容这种错误的规律发现，比如“谬误相关”和“集群错觉”。在二战期间，很多伦敦人渐渐相信德国的 V-1 和 V-2 导弹（一种已经相当可怕的新技术）正在有针对性地轰炸伦敦的某些目标——这导致伦敦人跑去城市中据说比较安全的地方寻求庇护，或者怀疑某些看起来未受攻击的街区藏有德国间谍。这在当时引起相当大的恐慌，以至于英国政府请出统计学家 R.D. 克拉克来检验是否确有其事。

他的结论是什么？所谓“有针对性”只不过是我们的大脑在搞鬼，是错觉，是“模式匹配”的幽灵。德国人在制导技术上根本没有取得重大突破，伦敦的克勒肯维尔区也不是纳粹国防军特工的温床；这些导弹完全是随机地射向伦敦大致的方位。人之所以会看出“规律”，完全是因为我们的大脑就喜欢这么干。

即使是有技术的专业人员，也有可能成为各类错觉的受害者。例如，有很多医务人员会很肯定地告诉你，满月之夜总会让急诊室变得忙乱不堪——患者激增，古怪的伤患和精神病患也明显增多。但关键在于，已经有很多人研究过这个问题，而且就他们目前的结论来说，事实并非如此：月相与急诊室的忙乱程度之间没有关联。然而，还是有很多才华横溢、经验丰富的专业人员一口咬定这两者有关系。

为什么呢？嗯……这种信念不是凭空产生的。认为月亮会让人变得怪异,这种想法已经存在成百上千年。意为“精神错乱”的lunacy这个词就由此而来，其中的luna就是“月亮”。另外，有关狼人的各种神话也是因此产生的。(这可能还会让你想到月相与女性月经周期之间所谓的相关性）问题是，这实际上有可能曾经是真的！在人工照明（尤其是街道照明）出现之前，月光对人类生活的影响远比现在大得多。有一种理论认为，满月会让露宿街头的无家可归者难以入睡，失眠则会加重他们原有的各种心理健康问题。(我喜欢跟啤酒有关的理论，所以我也斗胆提出一个想法：如果人们知道自己能够看见回家的路，不那么担心会迷路、被抢、被绊倒或死在水沟里，那他们多半就敢喝得更多，醉得更厉害)

不管源自何处，这种说法长期存在于我们的文化中。一旦有人把“满月就意味着疯狂时间”的说法灌输给你，那你就极有可能记住每一个真的发生了疯狂事件的月圆之夜，并且忘掉那些没有发生这种情况的月圆之夜。就这样，你的大脑无意中把随机当成了规律。

这同样也是因为我们的大脑使用了那些思维捷径，其中两个主要的捷径是“锚定启发”和“可得性启发”，两者都会给我们带来无穷无尽的麻烦。

锚定意味着当你要对某件事做决定时，尤其是当你没有太多信息作为依据时，你听到的第一条信息会对你产生格外显著的影响。比方说，有人让你估计某个东西值多少钱，但是在当时的情况下，你不太可能充分掌握相关的知识和信息——比如，就给你看张别墅的照片，然后让你估价。（千禧一代请注意：别墅是那些用砖砌成的大家伙，你们永远也买不起）在没有其他信息可以参考的情况下，你能做的就是看看那张照片，大致能看出别墅有多漂亮，然后闭着眼睛猜个数。但是，如果一开始就给你一个数字，那你的猜测可能就会受到显著影响——例如，上来就先问"你认为这房子的价格高于还是低于 40 万英镑"，现在，你必须要意识到，这个问题实际上并没有给你任何有用的信息（比如说，它并没有告诉你该地区的其他房子最近卖了多少钱）。然而，如果把要做出估值的人分成两组，A 组先听到的提示数字是 60 万，而 B 组听到的是 20 万，那么平均来说，A 组最终给出的估值将远远高于 B 组。尽管先前的问题不包含任何有用信息，但它仍然会影响你的判断，因为人家给了你一个"锚"，你的大脑就把这个"锚"作为猜测和调整的出发点。

我们这种做法已经到了近乎荒谬的程度：我们用来作为锚的信息，有可能就像随机生成的数字一样明显毫无用处，但是大脑仍然会紧紧抓住它，并让我们的决定向它靠拢。这可能着实令人担忧；在《思考，快与慢》一书中，丹尼尔·卡尼曼提到 2006 年的一项实验，实验对象是一群经验丰富的德国法官。实验者先向法官介绍了一桩庭审案件的细节，案中有个女人被判犯有入店行窃罪。然后，实验者要求法官掷一对骰子，但他们不知道的是，这对骰子被动了手脚，每次掷出的总点数只能是 3 或者 9。然后，实验者先问法官，这个女人应被判处的刑期，是否应该比骰子掷出的点数再多或再少几个月？问过这个之后，实验者才又问他们觉得判多久最合理。

你大概能猜到结果：掷骰子掷出 9 的那些法官，给她判的刑期要明显长于掷出 3 的那些法官。平均来说，掷骰子会让这个女被告在监狱里多关 3 个月。这可不会让人感到欣慰。

与此同时，可得性意味着你会根据最容易想到的随便什么信息做出判断，而不是深入地考虑所有可以获得的信息。这也就是说，我们非常倾向于把世界观建立在近来最常出现的东西上，或者是那些特别引人注目和令人难忘的事情，而所有那些陈旧、平凡的东西，即使有可能更加准确地反映日常生活的实际情况，还是会就那么逐渐消失。

正因如此，对可怕的犯罪进行耸人听闻的报道，会让我们觉得犯罪率高于实际情况，而对下降的犯罪统计数据进行枯燥乏味的报道，对我们产生的冲击就远远不及前者。所以才有很多人更害怕飞机失事（罕见、引人注目），却不那么害怕车祸（更常见，自然就没那么刺激）。也正因如此，恐怖活动才能立即引起公众和政客的本能反应，而那些更致命但也更平淡的威胁却被无视。在美国，从 2007 年到 2017 年，割草机造成的死亡人数比恐怖活动还要多，但在我写下这些文字时，美国政府尚未开始讨伐割草机（不过说老实话，鉴于最近发生的事件，也不排除这种可能性）。

锚定启发和可得性启发结合起来真的很有用，可以帮助我们在紧要关头迅速做出判断，或者帮我们做出那些没有太大影响的日常决策。但是，如果你想把现代世界的所有复杂性考虑在内，从而做出更明智的决定，那它们可能就会成为你的噩梦。你的大脑会一直试着溜回舒适区，把你最先听到或想到的东西作为判断依据，不管那是否合理。

另外，这两种思维捷径还在一定程度上导致我们不擅于判断风险，不能正确地预测众多选项中哪一个造成灾难的可能性最小。事实上，我们头脑中有两个独立的系统帮我们判断事物的风险：一个是快速的、直觉的系统，另一个是缓慢的、深思熟虑的系统。当这两个系统发生冲突时，问题就来了。一个系统平静地说，“我已经分析了所有证据，似乎选项 1 风险最大。”而另一个系统大声喊道，“是，但选项 2 看起来好可怕！”

当然，你可能会想，幸好我们没那么笨。我们可以强迫大脑脱离那个舒适区，不行吗？我们可以忽略直觉的声音，放大深思熟虑的声音，从而客观地考虑我们的处境，对吗？不幸的是，这种想法并没有考虑到证实偏见。

在开始为写这本书做调查之前，我就认为证实偏见是个大问题，而且自那以后我读过的所有材料都让我确信，我之前的想法是正确的。这正是问题所在：我们的大脑讨厌发现自己是错的。证实偏见是个烦人的习惯：大脑会努力强化我们已经相信的东西，会像激光制导的导弹一样瞄准哪怕是一丁点儿的支持性证据，而那些暗示我们可能完全被误导了的证据，哪怕堆得像山一样高，大脑也会毫不在乎地忽略它们。正因如此，我们才更愿意从政治观点与我们基本一致的渠道获取新闻。也因此，你无法说服一个阴谋论者放弃他所相信的东西，因为对于我们所认定的"真相"，我们会挑出那些支持它的事件，抛弃那些不支持的。

同样，这在某些方面非常有用：这个世界既复杂又混乱，而且不会用简洁易懂的 PPT 给我们一一列出其中的规则。不管你想给这个世界建立什么样的心理模型，那都意味着丢弃无用的信息，专注于正确的线索。只不过，要想弄清楚哪些信息值得注意，这事儿多少有些碰运气的成分。

然而，情况越来越糟糕。我们的大脑越来越不愿意承认它可能搞砸了。你可能会认为，我们一旦做出决定，付诸行动，并亲眼看到大脑开始犯下可怕的错误，那至少会更容易改变想法。哈哈哈，想得美。有个东西叫"支持选择偏误"，它基本上意味着一旦决定付诸行动，我们就会坚持认为那是正确的选择，就像溺水者抓住木板一样不肯放手。为了支持自己，我们甚至会重温记忆，回想当时我们是如何以及为何做出那个选择。因此，尽管新买的鞋非常挤脚，让你的脚疼得厉害，走起路来一瘸一拐，你还是会坚持说"这双鞋让我看起来既强大又迷人"。

也正因如此，尽管形势明显越来越严峻，政府的部长却继续坚持认为谈判进行得非常顺利，并且取得了很大进展。我们已经做出选择，所以它必须是正确的，因为它是我们选的。

甚至有证据表明，在某些情况下，如果你告诉别人他们错了，即使你耐心地把相关证据摆出来给他们看——但让你想不到的是——也有可能让他们更加坚信自己没错。他们把你视为对立面，而面对你这样的对立面，他们会变得更加坚定，更加强烈地坚信自己是对的。所以，如果你想在脸书上跟种族主义者争论，或者决定从事新闻业，那你可能注定只会让自己沮丧，让别人火冒三丈。

这一切并不意味着人永远不能做出明智、合理的决定：显然可以啊！我的意思是，毕竟你已经在看这本书了，这不就是个明智的决定吗？恭喜你，优秀的决策者！只不过，我们的大脑常常会给我们设置很多障碍，尽管它们一直认为那是在帮忙。

当然，如果我们不擅长自己做决定，那当我们跟别人一起做决定时，情况可能会变得更糟。我们是社会动物，而且我们是真真真真的不喜欢格格不入的感觉。所以，我们才会经常违背自己更准确的本能，去努力融入群体。

正因如此，我们才会有群体迷思——当群体中的主导观点压倒所有其他观点时，迫于社会压力，大家都不想当那个唱反调的人，不敢站出来说："呃，我不太确定……这真的是最好的选择吗？"于是，不同意见就被摒弃了，或者从未发出声音。

也正因如此，我们才会疯狂地追随潮流：光是看到其他人做一件事或相信一件事，就足以促使我们更加渴望效仿他们，成为他们当中的一员。小时候，如果妈妈问你，“嗨，宝贝儿，如果其他孩子从桥上跳下去，你会不会也跟着跳啊？”那么诚实的回答是，“其实吧，很有可能会。”

最后还有一个事实是，我们会认为自己相当优秀，尽管事实并非如此。你可以说这是狂妄，是自大，或者是有点儿傻帽，总之研究表明，我们会极大地高估自己的能力。如果你让一组学生预测他们在班上的最终排名，绝大多数人会把自己排进前20%，几乎没有人会说：“哦，是的，我可能进不了前50%。”（实际上，最常见的答案是进不了前10%，但肯定在前20%，就像是吹牛版的“点第二便宜的酒”）

有个众所周知的认知问题叫邓宁－克鲁格效应；除了听起来非常适合给1970年代的前卫摇滚乐队当名字之外，它可能还是本书的守护神。在《无能而不自知：对自身无能的认知困难怎样导致过高的自我评价》这篇论文中，心理学家戴维·邓宁和贾斯廷·克鲁格首次描述了这种效应，为我们每个人生活中都存在的一种现象提供了证据。实际上，不管在哪个特定领域，真正擅长的人往往对自己的能力很谦虚，而那些根本没什么本事或天赋的人，却倾向于极大地高估自己的能力。我们其实就是对自身的弱点认识不足，以至于不清楚自己在那些方面有多差。因此，我们会对即将搞砸的事情过于自信、盲目乐观，

进而一错再错。（后面的章节将会证明，在我们大脑所犯的各种错误中，“自信”和“乐观”很可能是最危险的）

所有这些认知上的失败，在社会中一个个叠加起来，导致我们一次又一次地犯下同样类型的错误。以下只是其中的一小部分，你可以把它当成本书余下内容的阅读指南。

首先，我们想要理解这个世界，想要找出其中的规律，这种欲望意味着我们花费了相当多的时间来让自己相信，这个世界在以某种方式运行，尽管事实上它根本不是那样运行的。这可能涵盖了一切问题，从轻微的个人迷信到完全不准确的科学理论，并且可以解释为什么我们会如此轻易地相信宣传和“假新闻”。真正好笑的是，当有人试图说服众人相信他们关于这个世界的宝贝理论时，你就会想到整个人类历史进程中那些已被证明其实是在搞笑的宗教、意识形态以及所有其他伟大计划。

人类也非常不擅于风险评估和提前规划。这在一定程度上是因为预测的艺术极难掌握，尤其是预测高度复杂的系统，比如天气、金融市场或人类社会。但这也是因为，一旦我们设想了一个可能的未来，而它在某方面让我们很满意（通常是因为它符合我们既有的信念），那我们就会愉快地忽略任何相反的证据，拒绝听任何人暗示我们可能错了。

我们之所以喜欢这种一厢情愿的规划方法，一个最强烈的动机当然就是贪婪。暴富的前景足以让人彻底失去理智——事实证明，当利益的诱惑非常大时，我们分析成本效益时的表现就惨不忍睹。为了追逐潜在的（往往还是臆想的）财富，人类不仅会翻山越海，还会愉快地抛弃一切道德观念或行为规范。

贪婪和自私还会导致另一个常见的错误：我们会共同毁掉属于大家的东西，因为每个人都想独占便宜。在社会学中，这类烂摊子被称为“社会陷阱”或“公地悲剧”，基本上就是指群体成员都在做短期来看对自己绝对有利的事，但当很多成员一起这样做时，长期来看后果就极为不利。这往往意味着因过度利用而毁掉共享资源：比如过度捕捞导致渔业资源来不及自我恢复，最终枯竭。这在经济学中也有一个相关的概念，叫作“负外部性”，大致是说交易双方都从中得到了好处，但交易的一部分成本由其他人承担，而他们甚至都没参与交易。污染就是一个典型的例子：如果你为了省钱，从一家向河里偷排污水的工厂买东西，这对你和厂商来说是双赢，但对那些住在排污下游的居民来说恐怕就是损失了。

这些相关的错误就是人类搞出一大堆烂摊子背后的原因。这些烂摊子存在于资本主义、合作社等各种制度下，涵盖大到气候变化、小到分摊餐费等各种问题。我们知道漠视这些问题对谁都不好，但如果别人都这样做，那我们也不想因为不这样做而输给别人，于是我们耸耸肩说：“不关我事啊，兄弟。”

另一个最常见的错误是偏见：我们倾向于把世界分裂成“我们”和“他们”，并迅速地相信不管“他们”是谁，“他们”什么坏事儿都干得出来。正是在这里，我们所有的认知偏见凑到一起，举行了一个偏执盲从的大联欢：我们依照可能根本不存在的规律来划分世界，根据最先想到的东西做出草率的判断，专挑那些跟我们看法一致的证据，拼命想要融入群体，对自己的优越性有着盲目但坚定的自信。

（这在本书中有多方面的体现：虽然这是一部人类失败史，但除了几个例外，这其实是男人而且往往是白种男人的失败史，因为绝大多数时候，别人想失败都没机会。通常对历史书来说，几乎只关注过去那些白种男人的所作所为不是什么好事儿，但是考虑到本书的主题，我觉得这可能是大快人心之举。）

最后，渴望融入群体意味着我们极易被各种时尚、风潮和狂热影响——那些短暂、炫目的痴迷会笼罩整个社会，让理性被彻底忽视。它们有很多不同的表现形式。有些可能纯粹是身体上的，比如在中世纪的欧洲，莫名其妙的舞蹈狂热周期性发作，持续了大约 7 个世纪，其间有成千上万人被突如其来、不可抗拒的跳舞冲动所感染，有时甚至跳到一命呜呼。

还有一些是金融狂热，因为我们对金钱的欲望会跟融入群体、一夜暴富的渴望结合起来。1720 年，伦敦掀起投资南海公司[1]的狂潮，但是就连那帮极力兜售股份的投机者都不了解详情，只能胡诌说“这家公司从事着一项利润丰厚的业务，但没

---

[1] 南海公司（South Sea Company）创立于 1711 年，表面上是专营英国与南美洲等地贸易的特许公司，实际上是协助政府融资的私人机构。1720 年，该公司通过贿赂政府，推出以南海股票换取国债的计划，使自家股价飙升，引发全民疯狂炒股。

人知道究竟是什么”。当一个东西的感知价值远远超过实际价值时，金融泡沫就形成了。从现在开始，人们投资这个东西就不一定是因为他们觉得它有任何内在价值，而仅仅是因为只要还有足够多的人认为它物有所值，那就还能赚钱。当然，现实终会回归，很多人损失惨重，有时甚至整个经济都跟着泡汤。

然而，还有一些狂热是大众恐慌，根源往往是刻意利用人们恐惧心理的谣言。正因如此，几乎全世界每一种文化，都曾在历史上的某个时期发生过不同形式的女巫迫害事件（据估计，从 16 世纪到 18 世纪，整个欧洲约有 5 万人死于迫害女巫的狂潮）。

这些只是整个人类文明史上反复发生到令人厌烦的错误中的一部分。当然了，我们必须首先创造出文明，然后才能实实在在地犯下这些错误。

史上最诡异的五次狂热

舞蹈狂热

从 14 世纪到 17 世纪，欧洲有很多地区都爆发了难以解释、无法抑制的舞蹈风潮，有时参与者成千上万。没人能确定原因到底是什么。

水井投毒

大约在同一时期，说水井被人投毒的谣言也在欧洲引起大规模恐慌，其中有些还导致了骚乱，致使犹太人的房屋被烧毁，因为谣言一般都说投毒的是犹太人。

偷窃阴茎

世界各地都爆发过害怕邪恶势力把男人阴茎偷走或缩小的恐慌——所谓的邪恶势力，在中世纪的欧洲就是女巫，在亚洲就是下了毒的食物，在非洲就是巫师。

发笑流行病

自 1960 年代以来，很多非洲学校都发生过笑得停不下来的流行病，其中最著名的一次是在 1962 年的坦桑尼亚，持续了一年半，学校被迫暂时停课。

红色恐慌

一场典型的“道德恐慌”。在 1940 年代和 1950 年代，媒体和民粹主义政客散播谣言，声称共产主义特工已经渗透到美国社会的各个角落，于是歇斯底里的反共浪潮随即席卷美国。

第二章

长点心吧，地球都要被我们搞废咯

大约 13000 年前，在古美索不达米亚的新月沃土，人类开始换了个活法儿。你可以称之为“生活方式的改变”，但其意义远非节食或健身能比。人类舍弃了传统的做法，不再像过去那样跑出去寻找食物，因为他们偶然发现了更轻松的窍门：他们开始种庄稼了。

农业的兴起不仅让人类更容易填饱肚子，还颠覆了整个社会，并深刻地改变了我们周围的自然界。在农业出现之前，人类群体的标准操作是随季节迁徙，哪儿有食物就去哪儿。然而，一旦种下大片的水稻或小麦，你就必须留下来侍弄庄稼。于是就有了永久的定居点、村落，再后来又出现了城镇。当然了，还有所有那些随之而来的东西。

农业显然是个好东西，所以它才会在前后几千年的时间里，在几个不同大陆上，独立出现在很多不同的地方，比如美索不达米亚、印度、中国、中美洲和南美洲。不过呢，也有一个学派声称，农业非但不是人类最伟大的飞跃，反而有可能是个很严重、很可怕的错误。

首先来说，正是农业导致了“贫富不均”这个有趣的概念，因为精英阶层开始出现，他们占有了更多东西，并且开始使唤其他人。其次，众所周知，农业还是战争的源头，因为一旦有了村庄，也就有了被邻近村庄袭击的危险。再者，农业还让人类接触到新的疾病，越来越大的定居点也为流行病的暴发创造了条件。另外还有证据表明，在进入农业社会之前，人类吃得多、干得少，很可能更健康。

概括起来，他们的观点就是，现代生活中那么多烂东西，就是因为几千年前有个家伙学会了种地。农业之所以传承至今，不是因为它让每个人的生活变得更好了，而是因为相较于没有农业的社会，从事农业的社会获得了一种达尔文主义的优势：农业可以养活更多人口，务农的人也不再四处迁徙，因此不用等先出生的孩子学会走路，就可以再要下一个——也就是说，他们可以更快地养育更多孩子，占领越来越多的土地，最终把所有不从事农业的人赶走。1987年，作为“农业是个可怕的错误”这一理论的拥护者，贾雷德·戴蒙德在《发现》杂志上发表文章指出：“要么控制人口增长，要么努力提高粮食产量，当被迫要在二者之间做出选择时，我们选择了后者，但最终得到的却是饥饿、战乱和暴政。”简而言之，我们选择了数量而不是质量。

典型的人类。

但是除了所有……这些（说到这里，作者抬起手笼统地对着周围比画了一下），踏上农业之路还导致了很多更直接、更富戏剧性的烂摊子。农业的黎明始于我们对周围环境的改变——毕竟，这就是农耕的本质。你把植物从它们原本生长的地方移栽到别处，改变地貌景观，想方设法干掉那些碍眼的东西，好把更多你想要的放进去。

结果表明，我们真的很不擅长把这类事情想透。

此刻我们周围的世界已经完全不同于 13000 年前。那时我们的祖先才刚刚学会种植，而现在农业已经改变地貌景观，使得物种发生跨越大洲的迁移。同时，城市和工业，还有我们就喜欢乱丢垃圾的天性，也已经改变土地、海洋和空气。我不想对你进行“切勿惹怒地球母亲”之类的说教，但是有的时候，自然界可不听我们废话。

在 20 世纪上半叶，美国的中部平原就发生了这样的轰动事件。就像历史上常有的情况一样，起初一切都非常顺利。美国在向西扩张，人们在实现另一个版本的美国梦。政府的政策鼓励大家到西部去开荒种地，定居者可以免费得到大平原上的土地。遗憾的是，到了 20 世纪初，大部分良田（基本上就是不缺水的土地）都已经有主了，而对于那些尘土飞扬的干旱土地，人们自然没有那么高的热情去开垦耕种，于是政府就说，这样的烂地加倍白送。定居者心说：“这买卖听起来很划算啊。”

恨不得把每一寸土地都变成农田，这种欲望现在看起来显然很荒谬，但是对于当时的人来说，他们有大把的理由认定这个主意很不错。首先，这是一个属于拓荒者的农业国，人们有浪漫的怀旧诉求；其次，这个国家的人口在迅速增长，对粮食有切实的基本需求。此外，当时还有一个非常唬人的科学理论，近乎宗教信仰，声称“雨随犁走”，只要你开始耕种，便能呼风唤雨，将荒漠变成良田和绿洲。按照这个理论，除非人缺乏意愿，否则美国的农耕扩张将无可阻挡。这就像凯文·科斯特纳主演的电影《梦幻球场》一样，只不过改了句台词：不是“只要你建起棒球场，他们就会来”，而是“只要你种上庄稼，雨水自会来”。

他们真的相信这一点，所以告诉他们真相似乎有些残忍。那么，为什么“农民迁移到哪儿，哪儿就开始下雨”的现象会经常发生呢？原因在于这个理论形成于19世纪中叶，那原本就是异常多雨的时期。不幸的是，那些雨水不会永远光顾。

一战爆发之后，那些农田似乎一下子全都变成了英明之举：欧洲的粮食生产渐渐陷入停顿，而美国刚好有能力站出来力挽狂澜。粮价暴涨，雨水丰沛，政府还给小麦种植户发放优厚的补贴，于是农民自然竭尽所能地把更多的草原开垦成了农田。

战争结束后，小麦的价格一落千丈。如果你种了小麦，而当年的收成连本钱都赚不回来，那么看似明显的解决办法就是种更多的小麦。农民花钱买来新的机械耕具，把更多的土地开垦成农田。然而，更多的小麦意味着更低的价格，于是……这就成了恶性循环。

更可恨的是，突然之间雨水也不来了，土壤都干透了。以往发生干旱时，草根可以牢牢抓住表层土壤，现在那些草根突然都消失了，大风一吹就掀起漫天翻腾的沙尘暴。

可怕的“黑尘暴”成了中部平原上美国沙尘碗的标志，一刮起来遮天蔽日，混浊的空气令人窒息，能见度只有几英尺[1]。在最严重的年份，整个夏季几乎没有哪天不刮沙尘暴，而且就算风停了，扬尘也仍悬浮在空中。有的时候，居民一连好些天都难见到太阳。沙尘暴的波及范围大得惊人，有些甚至刮到了数千英里[2]之外，让华盛顿和纽约等城市沦陷在浓浓尘雾之中，连距离东海岸好几百英里的轮船也因此落了一层灰。

干旱和沙尘暴肆虐了近十年，给该地区的经济造成了毁灭性打击，致使数百万人放弃家园，背井离乡。有很多人再也没回来，留在了更靠西的地方，比如加利福尼亚。有些土地始终未能完全恢复，尽管雨水已经回来。

由于人类瞎胡搞而引发意想不到的环境灾难，美国沙尘碗算是一个非常著名的案例。但是，从大规模的土地工程到小小的塑料珠子，从砍伐森林到改造河流，类似的瞎胡搞简直罄竹难书。

---

[1] 1 英尺相当于 30 厘米。

[2] 1 英里相当于 1.6 千米。

让我们拿咸海为例吧。不过我们得动作快点儿，因为那里已经没剩多少东西可“拿”了。

咸海，尽管名字里有“海”，但实际上并不是海，而是一个非常非常大的咸水湖，面积超过26000平方英里，是世界上最大的湖泊之一，或者应该说，至少曾经是最大的湖泊之一。现在你看出来问题在哪儿了吧？它再也没有26000平方英里那么大了。

如今它的面积约为2600平方英里，尽管这个数字会略有起伏。它曾经跟整个爱尔兰差不多大，如今面积仅为原来的1/10，丧失了80%的水体。另外，它再也不是单个的大湖了——粗略地说，它现在是四个不起眼的小湖。为啥强调“粗略”呢？因为其中一个湖可能已经彻底消失。如今，咸海仅剩的那点儿水几乎已成死水，毫无生气，四周几英里外可见生锈、腐烂的船只残骸，都是很久很久以前在这里搁浅的。

你肯定忍不住要问：你们到底怎么就弄没了一个海？（哦对，是那么大一个湖）

简单来说就是：你们自以为聪明，想在沙漠里种棉花，为此让原本流入湖里的两条河改道，流到沙漠里去灌溉。自1960年代以来，苏联当局就是这么干的，因为他们是真想收获更多棉花。他们搞了个浩大的工程，将原本从乌兹别克斯坦和哈萨克斯坦注入咸海的阿姆河与锡尔河改道，去灌溉干得冒烟的克孜勒库姆沙漠，好把那里变成种植棉花的农田。平心而论，引河水去灌溉土库曼斯坦、哈萨克斯坦和乌兹别克斯坦的荒漠，把它们变成良田，这个计划现在看来算是成功了。但是，这造成了巨大的水资源浪费，因为沙漠的问题就在于，它们非常干燥，吸水能力超强，所以高达 75% 的引流河水根本到不了那些农田。(另外，那些农场还给棉花喷洒化学落叶剂，导致婴儿死亡率和出生缺陷率高得吓人)

这对中亚地区刚刚起步的棉花产业来说算是好消息，但对咸海及其周边地区却是毁灭性的打击。似乎没有人想到，当河水不再注入湖中时，湖面很快就会缩小。当然，也可能他们根本就不在乎。

从 1960 年代起，咸海就不断缩小，并且从 1980 年代末期开始加速萎缩。以前流入湖中的水只有五分之一来自降雨，其余的都来自上述那两条河流。因此，一旦那两条河几乎不再注入湖中，也就没有足够的来水可以补充蒸发掉的水。于是水位开始下降，新的岛屿和地峡逐渐浮现；到了世纪之交时，咸海已经分成南北两半，其中较大的南咸海中间出现了一个巨大的岛屿。水位不断下降，所以这个岛也不断扩大，后来只剩下窄窄的一条水面连通着南咸海的东西两部分。最终，这两部分彻底断开了，然后到了 2014 年夏天，卫星照片显示东边那部分已经完全干涸，只剩下沙漠。如今，东边的这个湖时有时无，是有还是无，天气说了算。

你觉得这已经够糟糕了吧，但问题是，当湖泊消失时，原本在水里的那些东西不会都跟着消失，尤其是盐分。咸海的湖面越来越小，湖水中的盐分却越积越多，使得湖水越来越咸，生物越来越难以在其中生存。盐分的密度激增了十倍，几乎消灭了湖中所有生物，摧毁了繁荣的渔业及其提供的六万多个就业岗位。不仅如此，来自工业和农业的污染物变得更加集中，等到湖水退去时，它们就直接沉淀在刚刚裸露出来的湖床上。沙漠啥样大家都知道吧？大风会把成吨的有毒尘埃和盐分卷起，然后直接倾泻到湖区周围住着数百万人的村庄和城镇。于是，呼吸道疾病和癌症的发病率迅速上升。

咸海也不一定会彻底玩儿完。南咸海基本上是废了，北咸海则出现了转机：最近当地政府下血本，花大力气把一部分河水引了回去，使得北咸海的状况略有好转，渔业资源正逐渐恢复。尽管如此，这场生态灾难仍然可以证明，我们人类时常会鬼迷心窍，自以为即使我们大规模改造环境，也不会遭到报应。

怪异的是，对其中的阿姆河来说，人为改道这种事已经不是第一次发生了。我不确定有没有“最常被改道的河流”这项世界纪录，但是如果有的话，阿姆河肯定有机会拔得头筹。几个世纪以来，在大自然以及前仆后继的人类政权干预下，阿姆河的流经路线已经改变很多次，先是流入咸海，后又流入里海，有时候还同时流入咸海和里海，之后又回归咸海。在公元2世纪，人们认为它一直是流入沙漠并在那里蒸发掉，后来才改道注入咸海。在13世纪初期，蒙古帝国对它下重手，至少让它的一部分流入了里海（详见稍后的章节），直到快要进入17世纪时才又回归咸海。在离苏联还很遥远的1870年代，俄罗斯帝国就曾认真地考虑过把阿姆河引回里海，理由是他们认为淡水注入咸水湖是浪费……伙计们，里海难道不也是咸水湖吗？

一开始正是因为农业的出现，我们才会对环境进行翻天覆地的改造，而且往往造成了意想不到的后果。然而，如今农业已不再是我们改造环境的唯一方式，其在很多方面已被工业超越。而且，我们人类就是喜欢乱扔垃圾，这种欲望似乎难以遏制，但凡是我们不想要的东西，一律丢给环境去消化，从来没有真正考虑过这样干的后果。

什么后果呢？比如在1969年，一个温暖的夏日，临近中午的时候，美国的凯霍加河着火了。

首先要明确，河是不该着火的。只要你对河流的一般概念还有模糊的印象，那你就应该知道，河是中大型的天然水流通道，而水通常不是易燃物。河流有很多用途，比如把水从高处输送到低处，为时间的流逝提供一个隐喻，形成的特殊现象如牛轭湖[1]能让孩子在地理课上至少记住点儿东西。但是，燃烧自己，化作火焰，这绝对不是河流该干的事。

然而，凯霍加河就这么干了，就烧给你看了，而且这还不

[1] 牛轭湖，由于河流的变迁，曲形河道自行截弯取直后留下的旧河道形成的湖泊，形似牛轭。

是它第一次起火。就烧一次？那可不够。凯霍加河缓慢蜿蜒地穿过俄亥俄州北部的工业区，随后将克利夫兰市一分为二，最后投入伊利湖的怀抱。事实上，当时这条河已被严重污染，被19世纪的一位克利夫兰市长形容为“穿过市中心的露天阴沟”，以至于在此之前的101年里，它就已经着火至少13次。在1868年、1883年、1887年、1912年、1922年和1930年，它都发生过火灾，1912年那次还引发爆炸，致使5人丧生。1936年，它又着了，而且火势非常猛烈，一连烧了5天——这里我要再次重申，燃烧自己绝对不是河流的传统行为。在1941年、1948年和1952年，火神又先后3次光临，其中1952年那次的破坏力最大，当时河面上厚达2英寸[1]的油污被点着，可怕的大火烧塌了一座桥梁和一个造船厂，造成高达150万美元的损失。

跟1952年那次火灾比起来，1969年的这一次就显得微不足道了。油污、工业废弃物和各种碎片凝结在一起，漂浮在水面上，成了易燃的垃圾山，然后不知怎么被点着，上演了一场壮观的火焰秀，火苗蹿起来有5层楼那么高，但是不到半小时火势就被控制住了——很显然，到了这个时候，久经考验的克利夫兰消防局已然对他们的河流灭火游戏驾轻就熟。这座城市的人似乎也已经习以为常，不再把这当回事儿，以至于《克利夫兰老实人报》仅用5段文字报道这场火灾，连头版都不给。

[1] 1英寸相当于2.5厘米。

对于1969年这场河上大火，长期受苦的克利夫兰民众可能抱着无奈又漠然的态度，心说“哎呀，怎么又着了，你烦不烦啊”。但是，对整个国家来说就不是这样了。这是凯霍加河最后一次着火，自此之后，情况发生了改变。毕竟那是60年代，一系列革命性的新观念正在撼动整个社会的核心，比如“反对战争”、“不当种族主义者”以及“也许该长点儿心，别把整个地球都搞废喽”。

所以在几个星期后，《时代》周刊针对这场大火发表了一篇新闻报道，题为“美国的污水系统及乐观主义的代价”，详细阐述了当时美国河流的状况，其中对凯霍加河的描述尤其令人难忘：“河水是巧克力一样的棕褐色，油腻腻的，不停冒着泡。整条河只是在蠕动，在渗漏，根本谈不上流动……这就是一条把大量浮渣填进伊利湖的露天阴沟。”《时代》周刊的这篇文章引起了全国注意，促使公众发出要求变革的呼声——这主要归功于报道中那张触目惊心的配图：消防队员在拼命地控制火势，然而河面上的熊熊烈焰还是吞噬了一艘船。实际上，那并不是1969年的照片，而是1952年那场大火的档案照片。为啥没有1969年的照片呢？因为消防队到场扑救非常迅速，没等摄影师或摄制组赶来就把火扑灭了。《时代》周刊在1952年就登过那张照片，但是没有引起全国人民的注意，这一次它总算立功了。有时候，时机决定一切。

自19世纪以来，俄亥俄州的工业就一直在愉快地向凯霍加河倾泻他们搞出来的各种产品和副产品。这让媒体、政要和公众很不满，隔三岔五就出来说："嗯，我们是不是应该管管这事儿？"类似的话说了一遍又一遍，然而说过之后并没有人真的采取任何行动。战后那些年当地采取了一些敷衍的措施，但其重点是保证河道的航运安全，而不是确保这条河不会烧起来。

尽管如此，把凯霍加河弄成人类面对环境破坏不作为的国家标志，可能还有点儿不公平，因为就在最后这场大火之前，克利夫兰市其实通过了一些法律，以求最终治理好这条河。得知凯霍加河成了全国水道脏乱差的典型，甚至被写进讽刺歌曲之后，颇有一些当地官员忿忿不平，比如其中有一个人就哀怨地说："我们已经在采取行动治理河水污染，谁承想它又着火了。"

更何况，那时美国还有别的河也是燃烧之河，比如布法罗河在 1968 年就着火过，比凯霍加河这次起火还早；密歇根州的胭脂河则是在 1969 年 10 月烧起来，比凯霍加河晚了几个月而已。"如果你们有条会着火的河，天哪，你们麻烦大了！"《底特律自由新闻报》事后哀叹道。凯霍加河甚至不是美国唯一一条多次着火的河——在 19 世纪，芝加哥河动不动就着起大火，周围的居民还会出来看热闹，就像观看国庆日表演一样。当然了，凯霍加河肯定还是能夺得"北美最常起火河流奖"。

不管怎么说，这条燃烧之河的故事还是起到了作用，促使全国上下行动起来。在此之前，蕾切尔·卡森于1962年出版《寂静的春天》，再加上其他类似的书籍，已经为环保运动的萌芽奠定基础。现在，这些新生力量开始汇聚成潮流，次年就有了第一个地球日。国会被迫采取行动，于1972年通过《联邦控制水污染法》。美国的水道状况逐渐好转，至少现在几乎不会再着火了。本书中的故事罕有这样的快乐结局；在本例中，人们其实就是做了他们该做的。另外，哈哈哈，特朗普政府绝对不可能试图推翻清洁水标准，因为他们怕公众不会允许工业把河流污染到那种程度。（手指对着耳朵）啊？！有人告诉我说，他们已经把河流污染到那种程度了！

让大面积的水域燃起大火，这或许更加生动地证明了，我们人类就是有能力把周围的自然界搞得每况愈下，在这一点上我们从不犯错。但是，着火的河流并不孤单，因为我们的世界充满了这样的例子，基本上我们走到哪里，就要设法在哪里留下个烂摊子。你知道墨西哥湾有个巨大的“死亡区”吗？那是一大片几乎被彻底毁灭的海域，成因就是美国南部的农用土地滥用化肥，然后流失的化肥入海引发大面积的藻华，疯狂生长的藻类夺走水中的氧气，杀死了所有其他生物。干得漂亮啊，伙计们！

还有，我们喜欢随手扔东西，但根本没想过那些垃圾最终的去处。这个坏毛病已经让中国的贵屿镇变成巨大的电子垃圾场，一座20平方英里的电子垃圾坟墓，堆满了过时的笔记本电脑和智能手机。严格来说，贵屿镇在做废物回收再利用，这是好事！然而不幸的是，那里也是人间地狱：浓浓的黑烟冲天而起，酸洗零件产生的有毒重金属渗入土壤和人们的身体，到处弥漫着燃烧塑料的臭味。在最近几年里，政府实施了更高的健康和安全标准，严厉打击这种野蛮的垃圾处理方式——后来当地的一位居民告诉《南华早报》，空气质量已大大改善。“只有离得很近时，才能闻到烧金属的味道。”❶

或许我们最令人钦佩的杰作是太平洋垃圾漩涡。它简直如诗如画：在浩瀚的太平洋中央，我们随意丢弃的各种破烂汇集起来，形成一个漩涡状的巨大垃圾堆，面积有整个得克萨斯州那么大，属于北太平洋环流的洋流会一直带着它们转圈。这些垃圾大部分是微小的塑料颗粒以及废弃渔具的碎片，肉眼看不见，但对于海洋生物来说，它们的存在真真切切。不久前有科学家估计，自从我们在 1950 年代开始广泛使用塑料以来，我们生产出来的塑料已经超过 83 亿吨，其中有 63 亿吨已经被我们扔掉，当然它们不会凭空消失，而是一直游荡在地球表面的某个地方，比如太平洋里。耶，太有本事了，人类！

但是，说到人类怎样意外地摧毁自己的生存环境，如果你想看到最沉痛的实例，那你还是得把视线投向一座铺满巨石头像的岛屿。

---

❶ 贵屿镇曾被称为“电子垃圾之都”，2016 年全面引入循环经济产业园后，当地环境已经大为改善。

砍倒最后一棵树

在 1722 年，当首批欧洲人登陆复活节岛时，他们懵了。这是一支荷兰探险队，正在寻找一个据推测尚未被发现的大陆，其实它根本就不存在，真是一群傻子。他们百思不得其解的是，这样一个小破岛国，一群与世隔绝的波利尼西亚人，没有现代科技，甚至连树都没有，怎么就能在岛上各处立起那些精心制作的巨大雕像呢？要知道，其中有些石像高达 70 英尺，重约 90 吨。

当然了，这些荷兰人的好奇心并没有保持很久：在一连串的误解之后，他们很快就故态复萌，枪杀了一群当地居民。在接下来几十年里，更多的欧洲人来了，把他们在其他殖民地做过的坏事一样不落地又做了一遍，比如带来致命的新疾病，拐骗当地人做奴隶，摆出高高在上的姿态，完全不把原住民当人看。（参见后面关于殖民主义的章节）

在其后的几百年里，白人会提出一大堆理论来解释，那些神秘的石像怎么就出现在了一个住满“原始人”的岛上。不用说，其中大部分理论提到了神奇的越洋远航，或者是外星人。如果有什么神奇的东西不是白人建造的，而且成了白人的难解之谜，那一个显然极其合理、极为方便的解释就是：“一定是外星人干的。”然而实际上，这个问题的答案显而易见：就是波利尼西亚人把石像立在那里的。

拉帕努伊，这才是波利尼西亚人给岛起的名字。在首次登上该岛时，他们已是当时最伟大的世界文明之一，已经探索了方圆几千英里的大洋，并在其中的很多岛屿上定居。而在同一时期，除了少数流浪的维京人之外，欧洲人其实都没走出过自家的后院。

拉帕努伊是先进文化的发源地，拥有群体合作、集约农业、阶层社会以及通勤上班族：基本上全是我们在谈到气派和体面时通常会联想到的东西。那些石像在波利尼西亚语中叫“摩埃”，代表着所有波利尼西亚社会共有的一种艺术形式的最高成就。它们对拉帕努伊的社会来说意义重大：在精神层面，石像是照祖先的面容雕刻的，是为了纪念祖先；在政治层面，则代表着下达修建命令的那些人的威望。

于是有了另一个谜团：不是“石像怎样到了那里”，而是“岛上的树都跑哪儿去了”。因为不管岛民是怎样把那些石像立起来的，他们都需要用到大量粗壮的原木。另外，这个强大的文明怎么就沦落成了维持温饱的小农社会，以至于岛民只能划着破旧的独木舟去迎接首次到来的荷兰水手，然后还挨了人家的枪子儿？

答案是他们倒霉，而且自己也搞砸了。

说他们倒霉是因为，原来该岛的地理和生态特别经不起森林砍伐的影响。对此，贾雷德·戴蒙德（“农业是我们最大的错误”

这一理论的提出者）在《崩溃》一书中解释说，跟波利尼西亚人占据的大多数岛屿相比，复活节岛面积较小，地势平坦，位置偏僻，而且又干又冷：所有这些原因导致被砍伐的树木不太可能得到自然替代。也就是说，如果你只砍树不种树的话，那就是砍一棵少一棵。

说他们搞砸了是因为，他们一直在努力修建更好的房屋、独木舟和基础设施，以便把那些石像立起来。为此他们不停地砍伐森林，或许没有意识到那些树砍掉之后就不会再长出来，直到有一天他们突然发现，那里一棵树都不剩了。这是放大版的公地悲剧。每个人在砍树时，都不用对这个问题负责，直到为时已晚，然后人人都脱不了干系。

这给拉帕努伊的社会造成了毁灭性的影响。没了树木，他们就造不出独木舟，就不能出海捕鱼；没了树木根系的保护，土壤开始遭受风雨侵蚀，变得贫瘠，并引发山体滑坡，吞没村落；到了寒冷的冬天，他们不得不烧掉大部分剩下的植物来取暖。

随着情况不断恶化，不同群体为越来越匮乏的资源展开愈加激烈的竞争。这似乎导致了可预见的悲剧结局，因为我们都清楚，通常人在拼命想得到某种东西时会怎么干，不管他们想要的是社会地位还是士气，或者仅仅是想要一点儿自欺欺人的自我安慰。他们没有停下来。事实上，他们变本加厉了。拉帕努伊人似乎一心只想修建越来越大的石像，因为……嗯，在担心自己无法解决面临的问题时，人类差不多都是这么做的。当整个工程彻底歇菜时，岛上雕刻的最后一批石像甚至没能运出采石场，另外有些石像也没能到达目的地，东倒西歪地散落在路旁。

波利尼西亚人并不比你我更弱智；他们并不是原始人，也不是对环境毫无意识。一个社会面临潜在的环境灾难，可他们忽视这个问题，甚至变本加厉地搞事情，让问题进一步恶化，如果你觉得这听起来蠢透了，呃……嗨！或许你该瞧一瞧自己的周围？（然后，请把空调置于省电模式，并且开始回收再利用废弃物）

在《崩溃》一书中，贾雷德·戴蒙德提了这样一个问题："砍掉复活节岛上最后一棵棕榈树的那个岛民，他在砍那棵树时说了啥？"问得好啊，很难回答。有可能他用波利尼西亚语说了句"人只活一次"（YOLO）。

但是，或许我们更应该问问，砍掉倒数第二棵、第三棵或者第四棵树的岛民，他们在想什么。如果拿人类其余的历史作为参考依据，那我猜他当时的想法多半类似于"关我屁事啊，大兄弟"。

毁在人类手上的七大奇观

帕特农神庙

原本是古希腊最耀眼的成就之一，可是在 1687 年，与威尼斯开战的奥斯曼人把它用作火药库，然后被一个走运的威尼斯人一枪给炸了——从此世间再无帕特农神庙。

阿尔忒弥斯神庙

古代七大奇迹之一，直到公元前 356 年，一个名叫赫洛斯塔图斯的家伙为了搏出位，一把火烧毁了它。

万谷湖

位于柬埔寨首都金边，曾经是那里最大、最美的湖，后来被填平盖起了豪宅，现在就是个小水坑。

巴米扬大佛

阿富汗中部宏伟的释迦牟尼佛像，高度超过 100 英尺，在 2001 年被塔利班炸毁，因为它们是“偶像”。真让人无语。

诺穆尔金字塔

宏伟的玛雅金字塔，曾是中美洲国家伯利兹保存最完好的玛雅遗迹，在 2013 年被一些建筑承包商拆毁，因为他们在附近铺路需要砾石。

斯利姆斯河

曾是加拿大育空地区一条大河，然而在 2017 年，由于气候变化导致其源头的冰川后退，在短短 4 天里就彻底消失。

泰内雷之树

地球上最孤独的树，一直形单影只地挺立在撒哈拉沙漠中央，因此闻名遐迩。然而在 1973 年，尽管方圆 250 英里内就它一棵树，一个喝醉了的卡车司机还是鬼使神差地撞了上去。

第三章

吃饱了撑的给动物搬家

在种庄稼的同时，最早的农民在数千年前就开始驯养动物，而这也将以无法预知、千奇百怪的方式改变我们的世界。

实际上，最早的驯养动物几乎肯定要比农业的发展早好几千年，尽管那更有可能是一次令人欣喜的意外，而不是巧妙的安排。狗是最原始的家畜，驯化时间似乎在距今 4 万年到 1.5 万年之间，驯化地点有可能是欧洲、西伯利亚、印度、中国或者别的什么地方。之所以无法确定，是因为狗的 DNA 有点儿乱。为什么乱呢？因为只要遇到异性，狗就会兴高采烈地冲上去搞一通。狗的驯化，会不会是因为我们的某个祖先，一个有进取心的狩猎采集者，一天醒来后就说，“我要去和一只狼交朋友喽，它将成为我的乖狗狗”？这也有可能，但更有可能狗基本上是自我驯化的，至少最开始是这样。关于狗的起源，貌似最合理的故事就是狼开始跟着人混，因为人有食物，而且习惯把剩饭剩菜扔掉。久而久之，那些狼越来越适应追随人类的生活，同时人类也开始意识到，把一些友善的狼养起来，其实对人类的自我保护和狩猎有很大帮助，更何况它们还都毛茸茸的很可爱，对吧。

但是自从农业真正开始发展之后，人类就逐渐意识到，他们或许也可以用种庄稼的方式来饲养动物，这样大家就不用再累死累活地出去打猎。大约1.1万年前，山羊和绵羊在美索不达米亚被驯化。又过了500多年，牛先后在现今的土耳其和巴基斯坦成为家畜。在大约9000年前，猪也分别在中国和土耳其成为家养动物。然后到了6000年到5500年前，在欧亚草原，很可能是哈萨克斯坦的某个地区，马也被人类驯化。另外，在大约7000年前的秘鲁，人类还首次驯化了豚鼠，也就是荷兰猪。当然了，这听起来好像没啥大不了，但说实话，这还是挺酷的。

驯养动物有很多好处：它们的肉能提供现成的蛋白质，毛皮可以做衣服，粪便能给庄稼当肥料。当然，正如我们在上一章提到的，驯养动物也有坏处。把动物养在身边，疾病会很容易从动物传染给人类；饲养马和牛似乎是财富分配不均的根源；战马和战象的使用让人类变得更加好战。

另外，驯养动物还让我们非常清楚地意识到，我们是大自然的主宰，从今以后动植物都得为我们服务，听我们吩咐。不幸的是，正如我们将在本章中看到的，事情的发展出乎意料。人类固执地相信我们可以让生物分毫不差地听命于我们，然而结果常常事与愿违。

例如，让我们把时间倒回 1859 年，那时托马斯·奥斯汀有点儿想家。

托马斯是英国人，但他十几岁就到了当时英国的殖民地澳大利亚。如今几十年过去，他成了富裕的牧场主，在维多利亚州附近掌管着 2.9 万英亩的土地。在那里，他热情地复制英国土地上的消遣活动：热衷于运动的他培育和训练赛马，还把他的很多土地变成野生动物保护区和狩猎场。他的庄园在澳大利亚的上流社会享有盛誉，爱丁堡公爵因此成了这里的常客。几十年后，当奥斯汀去世时，讣告盛赞他是“英澳两地真正老派英国乡绅的最佳典范”。

他决意要在遥远的澳大利亚过上英国传统乡绅的生活，因此竭尽全力地把英国的东西照搬过来，而非常不幸的是，恰恰是他的这种做法捅了大娄子。

奥斯汀认定，为了改善自己的狩猎活动，他应该把一些传统的英国动物运来当猎杀对象（小袋鼠想必是不太合他胃口）。于是他让侄子用船运来野鸡、鹧鸪、野兔、乌鸫和画眉。最要命的是，他把 24 只英国兔子弄到了澳大利亚。“运进来几只兔子没啥坏处，”他说，“而且除了当猎物之外，还能让我有些许家乡的感觉。”

他所谓的“没啥坏处”实在是大错特错，尽管平心而论，那些兔子真的成了猎物。

奥斯汀并不是第一个把兔子带到澳大利亚的人，但是后来闯下大祸的罪魁确实是他的兔子。兔子的问题就在于，它们繁殖起来……嗯，就像兔子一样快。这个问题到底有多严重呢？奥斯汀是1859年把兔子运来的，然后过了两三年吧，到1861年，他就在给别人写信时夸耀说，“我已经有好几千只英国野兔了。”

但它们并没有停留在几千只这个数量上。在奥斯汀把它们弄进来的10年后，维多利亚州每年有200多万只兔子被射杀，然而这丝毫没有减缓这一种群的增长。兔子大军很快遍布维多利亚州，开疆拓土的速度约为每年80英里。到1880年，它们出现在了新南威尔士州；到1886年，它们拿下了南澳大利亚州和昆士兰州；到1890年，西澳大利亚州沦陷；到1900年，它们进入了北领地。

等到1920年代，澳大利亚的这场兔灾达到高峰，兔子数量估计有100亿，相当于每平方英里就有3000只兔子。因此，说澳大利亚已经被兔子覆盖，真不算夸张。

兔子不光要繁殖，还要吃东西（毕竟养育后代很辛苦啊，容易饿）。它们把地上的草都啃光了，导致很多植物物种灭绝。它们对食物的争夺还让很多本土动物濒临灭绝，同时因为没了植物根系的固着，土地本身也日渐风化破碎。

到1880年代，这个问题的严重性已经确切无疑，但政府部门无计可施。他们尝试过很多办法，似乎都无力阻止那些耷拉着耳朵的家伙发起猛攻。新南威尔士州政府在《悉尼先驱晨报》上刊登了一则听起来有些绝望的广告，承诺“不管是谁，只要提供的新方法能有效消灭澳大利亚的兔子，就将获得2.5万英镑的奖金”。

在之后的几十年里，澳大利亚试了各种消灭兔子的方法：拿枪突突、挖陷阱、下夹子、投毒药。他们还试过用火烧或用烟熏兔子窝，或者把雪貂放进洞里，好把兔子赶出来。1900年代，他们建了一道长1000多英里的篱笆，试图把兔子赶出西澳大利亚州，但是并没有成功，因为兔子原来会挖洞啊（这还用说？），而且似乎还学会了翻篱笆。

生态系统非常复杂，你要是胡乱干预就会引火烧身，这是我们直到最近才想通的道理，而澳大利亚的兔子问题就是最著名的例证。当你很随意地决定给动物和植物换个地方时，它们不会简单地按照你定的规则来。正如一位伟大的哲人曾经说过：“生命会挣脱束缚，突破藩篱，拓展到新的领域。这个过程是痛苦的，甚至可能是危险的，但是，呃，生命就是这样。”好吧，这话出自电影《侏罗纪公园》里的杰夫·高布伦[1]，如我所说，一位伟大的哲人。

讽刺的是，当初把兔子弄进澳大利亚已经捅了个大娄子，而最终的解决方案也搞得一团糟。几十年来，澳大利亚的科学家一直在实验用生物战来对付兔子，希望借助疾病把兔子

[1] 杰夫·高布伦（Jeff Goldblum），美国著名演员，在《侏罗纪公园》中饰演无所不知的数学家伊恩·马尔科姆。

全都弄死，其中最著名的是1950年代搞出来的兔黏液瘤病。该方法一度效果很好，显著减少了兔子的数量，但是未能持久。它依靠蚊子来传播病毒，所以在蚊子无法繁殖的地区就失效了，而幸存下来的兔子最终对该病产生抵抗力，于是数量又开始攀升。

但是科学家也没放弃，继续研究新的生物制剂。1990年代，他们开始鼓捣兔出血症病毒。如今搞病毒实验是个很危险的事儿，因此科学家到远离南部海岸的一个岛上钻研去了，以降低病毒泄漏并传播到本土的风险。你猜猜，接下来发生了什么？

你猜对了，在1995年，该病毒泄漏并传播到了本土。生命再一次挣脱了束缚，这回是搭了苍蝇的便车。只不过呢，尽管这种对兔子致命的病原体是被不小心释放到野外的，但科学家非常惊喜地发现……它似乎起作用了。在此后的20年里，南澳大利亚的兔子数量再次下降，同时植被也恢复了，很多被兔子逼得濒临灭绝的动物，数量也开始迅速回升。但愿这个兔出血症病毒别再有什么其他副作用。

有的时候，我们就应该把动植物留在原地，别自以为是地挪来挪去。能证明这个道理的，远远不止澳大利亚的兔子。

比如尼罗河鲈鱼，一般体长6英尺，是贪婪的捕食者，或许从名字你就可以猜到，它们的祖籍是尼罗河。然而，来到东非的英国殖民者却打起了更加贪婪的算盘。他们寻思着，应该把尼罗河鲈鱼弄到非洲最大的维多利亚湖里放养，这个主意简直绝妙。其实维多利亚湖里已经有很多鱼了，当地的渔民也非常满足。但是，那些英国人却觉得，情况还可以进一步改善。当时湖里最大的鱼群是几百种不同的丽鱼，这些长得很可爱的小鱼深得水族爱好者的喜欢，但不幸的是，英国的殖民官员憎恨它们，骂它们是“小杂鱼”。

他们认定，把更大、更酷的鱼放进去养，肯定会让维多利亚湖变得更好，并且能打造出一流的渔业。很多生物学家警告他们这不是啥好主意，但他们固执己见，还是在 1954 年把尼罗河鲈鱼弄进了湖里。后来，尼罗河鲈鱼当然是做了它们分内的事：用贪婪的大嘴吃光了一种又一种其他的小鱼。

有一点英国的殖民官员说对了，这确实造就了一流的渔业。事实证明，不管是对商业性捕捞还是对娱乐性垂钓，尼罗河鲈鱼都极受欢迎。渔业的产值暴涨5倍，创造了数十万个就业岗位，但维多利亚湖里的物种数量却急剧减少，有 500 多个物种已经灭绝，其中包括 200 多种不幸的丽鱼。

会失控的不仅仅是动物。葛藤是亚洲常见的一种藤本植物；在 1930 年代，为了解决我们前面提到的沙尘碗问题，葛藤被广泛引入美国。官员希望这种生长迅速的藤本植物能重新把土壤固着起来，防止水土进一步流失。这确实是葛藤的特长。然而不幸的是，它们也很擅长覆盖和闷死其他的植物，甚至是房屋、汽车以及碰到的任何其他东西。后来，它们爬满美国南部，以至于被人称为“吃掉了南方的藤蔓”。

公平地讲，葛藤并不像某些神话中描述的那种邪恶植物，而且最近的研究发现，它们覆盖的土地实际上没有人们通常以为的那么多。尽管如此，有些地方 80 年前还看不到它们的身影，如今却多得吓人，而且至今仍在美国政府的“有害杂草”官方名单之中。

但是现在我们或许应该替葛藤感到遗憾了，因为它们已经碰到自己的入侵物种克星。2009 年的某一天，日本的葛藤虫成功跨越太平洋，等它们登陆亚特兰大时就发现，那里已经有很多葛藤可供食用，它们当时肯定高兴坏了。只用了三年时间，葛藤虫就遍及三个州，消灭了三分之一的葛藤。你可能心想，这下好了，葛藤的问题解决了。然而不幸的是，问题没那么简单：葛藤虫也啃食了大豆作物，那可是很多受害州的主要收入来源。这种意外的解决方案，最后很可能本身就是一个更严重的问题。

把新物种弄到它们不该去的地方，我们这种欲望一直很强烈，甚至不满足于已经存在的物种：有时候，我们会想办法创造出全新的物种。比如在 1956 年，巴西科学家沃里克·埃斯特万·克尔就从坦桑尼亚进口了一些非洲蜂王，试图让它们与欧洲蜜蜂杂交，结合两个蜂种的优良特质，培育出更适合巴西环境的新蜂种。

不幸的是，在一年的育种实验后，终归会发生的事情发生了。克尔的实验室在圣保罗南部的里奥克拉鲁市，有一天，实验室雇来的养蜂员实在累坏了，一时疏忽就让 26 只坦桑尼亚蜂王逃走了，还带走了各自麾下的欧洲蜂群，然后就在巴西安了家。这些蜂王一点儿都不挑，碰到雄蜂就开始交配繁殖，由此产生了非洲蜂与多个不同蜂种的杂交种。这些“非洲化”的新蜜蜂开始迅速遍及南美洲，然后是中美洲，再然后进入了美国。实际上同之前的蜜蜂比起来，它们个头更小，毒液也更少，但在保护自己的蜂巢时，它们凶悍得多，因此它们制造的蜇人事故数量要高出 10 倍，致死人数多达上千人，最终被冠以“杀人蜂”的恶名。这当然有点儿不公平，它们只是被误解了而已。

人类一路上摔得鼻青脸肿，最后总算知道生态系统是复杂的，打破微妙的生态平衡就会被狠狠地反咬一口。在这段编年史中，以下这个故事格外醒目，造成了深远的影响，原因只是低估了鸟类。

公园里的莎士比亚

在 1890 年的早春时节，席费林干了件蠢事，最终导致诸多严重后果：传播疾病，每年毁掉价值数亿美元的庄稼，甚至引发了一次飞机失事，造成 62 人死亡。席费林原本只不过想炫耀他是莎士比亚的死忠粉而已，所以对他来说，这个娄子捅得有点儿忒大了。

席费林当时住在纽约市，是个富裕的药品制造商。尽管这个行当极有潜力捅出大娄子，但是他这次引发的环境混乱并不是因为他的职业，而是因为他的兴趣爱好。

他极其热衷于当时的两大时尚潮流：一个是对莎士比亚的作品绝对虔诚，另一个是喜欢给物种搬新家。

在那时，西方文化正在经历一场铺天盖地的莎士比亚复兴，结果这位已经作古的诗人又火了，在流行文化中的地位都快赶上碧昂丝了。同时，一个以法国人提出的理念为基础的团体“驯化协会”开始在西方扩散。这些志愿团体由富有的社会改良家组成，致力于将外国的动植物引入自己国家。（要等到很多年以后，人们才会领悟到这是个多么糟糕的馊主意）

席费林之所以会犯下那样一个大错，根源就在于他是总部设在纽约的美国驯化协会的主席，同时他又对莎士比亚“爱之入骨”。于是乎，他突然想到一个招人喜欢的古怪计划：把莎士比亚戏剧中提到的每一种鸟都引入美国。他心想，为了向英语文学史上最伟大的诗人致敬，还有什么方式能比这更合适呢？然后美国驯化协会就行动起来了。

起初他们连续受挫：他们把云雀、红腹灰雀和歌鸫等鸟类放飞到野外（至少是纽约市的户外），但它们没能在这个陌生环境中安家，没过几年就都死光了。然而在1890年3月6日，尤金·席费林和助手来到中央公园，打开笼子放飞了总共60只欧洲椋鸟。

我们确实不能把这一切怪到莎士比亚头上，但是假如当初创作《亨利四世》第一部的第一幕第三场时，他能换个稍微不同的夸张手法，或许就不会有席费林这档子事儿了。在那场戏中，剧中人霍茨波决心继续向国王施压，好让国王出钱把他的妻舅莫蒂默赎回来（尽管国王警告他连莫蒂默的名字都不能提）。他在剧中说道：

> 哼，
> 我会找来一只椋鸟，
> 教它只会说“莫蒂默”这仨字儿，
> 然后把它送给他（国王），
> 整天叫，气死他。

莎士比亚就提到过这么一次椋鸟，在全集剩下的所有文字中，再没提到过。然而对尤金·席费林来说，有这一次就够了。

除了在1890年放飞的那60只椋鸟，席费林在1891年又回去放飞了40只。对这些第一代美国椋鸟来说，起初情况并不乐观——没过几年，因为抗不住纽约严寒刺骨的冬天，最初的100只椋鸟只剩下32只，而且看起来它们很可能也难逃噩运。但是椋鸟很顽强，擅长适应新的环境，也善于恃强凌弱来赢得生存。有点儿讽刺而又令人佩服的是，其中一小群椋鸟在美国自然历史博物馆的屋檐下找到了躲避恶劣天气的栖身之所。要知道，这座博物馆的用途本来是保存美国的自然历史，结果却无意中帮助椋鸟极大地改写了历史，因为渐渐地，椋鸟的数量开始不断增长，增长，再增长。

不到 10 年，椋鸟就遍布纽约市。到了 1920 年代，它们已占领美国的半壁江山。1950 年代，它们已出现在加利福尼亚。如今，已有 2 亿只椋鸟生活在北美各地，从墨西哥到阿拉斯加，到处都有它们的身影。

用《纽约时报》的话说，椋鸟已经成为“我们这个大陆上代价最高、最有害的鸟类之一”；或者，正如《华盛顿邮报》所描述的，它们“可以说是北美最招人恨的鸟类”。它们会聚集成上百万只的庞大鸟群，大规模地摧毁庄稼，扫荡麦田、马铃薯田和粮仓。它们很有攻击性，会将本地鸟类赶出巢穴；还助纣为虐地传播各种影响人类和家畜的疾病，从真菌传染病到沙门氏菌感染。它们真的是到处拉屎，而且真的非常臭。

它们的庞大鸟群还对航空安全构成了威胁——1960 年，在波士顿的洛根机场，约 1 万只椋鸟飞进一架正在起飞的飞机，撞坏了引擎，导致飞机坠毁，机上 72 名乘客中有 62 人死亡。

椋鸟是害鸟，是健康威胁，给北美农业经济造成巨大损失。它们之所以出现在这个大陆上，仅仅是因为一个中上阶层的家伙太热衷于自己的爱好，没有冷静下来想清楚潜在的后果。如果他的爱好是慢跑、家酿或水彩画，这一切就不会发生。

从好的方面来说，我猜，它们或许有助于减少昆虫的数量？

被人类放错地方的另外五个物种

猫

人人都喜欢猫，但在新西兰除外。新西兰原本没有任何捕食性哺乳动物，直到我们把猫带过去。这对当地物种来说简直是噩耗，尤其是对长得圆滚滚、不会飞的鸮鹦鹉来说。

甘蔗蟾蜍

跟前面提到的兔子一样，南美洲土生土长的甘蔗蟾蜍，也被怀着良好意愿的人弄进了澳大利亚——这一次，是想让它们过来帮着吃掉甘蔗大象甲虫。然而悲剧的是，这些蟾蜍几乎什么都吃，就是不吃甘蔗大象甲虫。

灰松鼠

当美国灰松鼠被引入英国和爱尔兰时，它们立即开始耀武扬威，把土生土长的红松鼠欺负到濒临灭绝的境地。

亚洲虎蚊

这种蚊子特别讨厌，而且能传播疾病。跟其他种类的蚊子不同，亚洲虎蚊全天都吸血。在 1985 年，它们随着一批旧轮胎从日本进入美国，这种跨越大洋的方式让它们名声大噪。

乌鳢

嘿，如果你打算把一个亚洲物种引入美国，能不能别选一种离了水还能活好几天、在旱地上也能爬很远、好像总也吃不饱的肉食性鱼类？那纯属自找麻烦。

第四章

头儿可不是想当就能当的

随着人类社会越来越复杂，随着村庄发展为城市，我们不得不面对一个问题：最终，我们需要有人站出来做决策。要想完成复杂的任务，不管是建立文明还是确定去哪儿吃饭，任何大型群体都要面对这个问题。

我们不太了解最初的人类社会是怎样组织起来的。就人性的本质而言，向来都有人喜欢发号施令使唤别人，但这事儿在什么时候变成了一份工作，而不再仅仅是嗜好，尚不完全清楚。

不过正如前面已经提到的，我们确实知道，就在农业出现后不久，人类搞出了不平等。干得漂亮啊，人类！考古学家通过观察早期定居点中不同房屋的大小，得出了这样的结论。一开始，这些房屋没什么区别，社会看起来相当平等。但是在人类种庄稼种了几千年之后，精英阶层开始出现，他们的房子远比其他人的更大、更气派。在美洲（新大陆），在农业发展

2500 年之后，这种日益加深的不平等似乎达到顶峰，进入平台期；但在旧大陆，这种不平等一直在扩大。为什么呢？一个合理的解释是，旧大陆有了牛马等大牲口，可以用来运输和耕田，有助于创造更多可以传给后代的个人财富。于是乎，最富有的 1% 就诞生了。

再后来，这些精英不仅仅是比其他人富一点，而是开始真正地统治他们。在最早的城邦中，最像统治者的人是精神或宗教领袖，但是到了大约 5000 年前，埃及和苏美尔（现今伊拉克）的情况发生了变化，人人都渴望的治理模式——君主专制——出现了！苏美尔人留下的一块石碑帮了我们大忙，上面按顺序列出了所有国王（和孤零零的一位女王）——这意味着它可能记录了人类历史上的第一批国王。然而遗憾的是，其中很多记录显然是瞎扯。比如根据它的记载，第一位国王阿鲁利姆统治了 28800 年，这当然不可能，因为这意味着他的统治直到今天还剩 22000 年。

为什么人类会一次又一次地选择"让一个家伙掌管一切"的决策方式呢？很显然，他们也许没有太多选择：最早的统治者可能已经靠武力或其他形式的胁迫夺取权力。但这似乎也可能与战争有关——当埃及靠征服实现统一时，法老王朝开始了；当城市之间的冲突激化时，苏美尔的国王应运而生。没过多久，在公元前 2334 年，苏美尔的国王统治几百年之后，他们被邻近的阿卡德国王萨尔贡征服了，当时萨尔贡正忙着建立世界上第一个帝国。在墨西哥的瓦哈卡山谷，考古学家在这一个地方就能看到整个发展过程。大约 3600 年前，圣何塞莫戈特的定居点在刚从事农业不久时，还是一个人人平等、不分等级的小村庄。在之后的大约 1000 年里，他们与邻近村庄的小冲突不断升级，财富累积，不平等加剧。到了 2400 年前，他们成为酋邦，逐渐陷入战争状态，居民都搬到了山上，并开始修筑城墙。

“先有领袖还是先有战争？”这有点儿像是问“先有鸡还是先有蛋”，但领袖和战争无疑是紧密相关的；而且对其他人来说很不幸的是，即使你想置身事外，想维持一个人人平等的小村庄，也难以如愿。有些读者或许非常想了解战争，没问题，在后面的几章我们会详细探讨，但是目前我们先把焦点放在领袖上。

我知道，生活在幸运、开明的时代，我们很难相信成为国家领袖的人居然并不称职，尽管这种情况时有发生。这其实很好理解：换成是你，即便只是想到要管理一个国家，恐怕都会觉得不可思议。我们有些人连早上给自己选双袜子都犯难，居然还想决定整个国家应该穿什么袜子，这怎么可能呢？

当然，领导者有很多不同的类型，国家与领导者绑定的方式也不尽相同。你们已经见识过不同风格的专制：世袭王朝，君权神授，武力夺权，以及各种类型的独裁者。哦对了，你们还见识了民主选举。在下一章我们将速览民主制度搞出的烂摊子，而本章的重点是一些史上最无能、最糟糕以及最怪异的独裁者。

让我们从秦始皇开始。作为中国的第一位皇帝，他把远见卓识和残酷但有效的方法结合起来，把我们的现代世界塑造得相当惊人。然而对他来说很不幸的是，他也用带有典型妄想色彩的过度膨胀搞砸了自己建立的一切。

秦国利用巧妙的外交策略和征战灭掉其他六国，实现了中国的统一。这是前所未有的成就：在公元前 221 年，罗马才刚刚开始考虑适当地从意大利向外扩张，建立自己的帝国，而秦始皇已经在建立一个庞大的政治实体，而且寿命将比所有其他帝国都要长久。

秦始皇不仅做到了，还实行了一系列改革，为现代国家的组织方式树立了标杆：削弱诸侯的势力，建立中央集权制，统一文字、货币和度量衡，建设至关重要的通信设施，其中包括庞大的道路网和早期的邮政服务。哦对了，他还开始修建长城。

那么，秦始皇犯了什么大错呢？嗯，他错就错在实现这一切的方式。为了达到目的，他镇压和处决所有的反对者，通过“焚书坑儒”来消灭异端，用暴力强迫农民服苦役修建各种工程。这或许并不令人感到太意外，毕竟人类的历史往往就是这样一再重演。

有点儿让人意外的是，他把史无前例的中央集权和分布广泛的通信网络都用在了寻找长生不老药上。

秦始皇是个野心勃勃的人，一心想求得永生，深信动用整个国家的力量就可以暴力破解长生不老的密码。

他向全国各地发出号令，不管你是医生、士兵还是商人，也不管你身在多么偏远的地方，都得为他寻找仙丹效力。他把自己的个人追求当成重大的政府举措来推行，朝廷会定期收到各个前哨呈交的进展报告，并呈上草药和药水的样品供他考虑。另外，所有医生都必须在朝廷登记。从某些方面看，这似乎是一种早期的中央卫生系统，但实际上并非如此。

对秦始皇来说可悲的是，这个卫生系统并未让他真正受益。他对永生的追求正是他自我毁灭的根源：据说他试用过的很多所谓仙丹都含有汞，当然就要了他的命。（很有可能在他还没死的时候，汞中毒就已经把他弄疯）

到他死的时候，每个人都对他充满怒火，以至于等他一驾崩，老百姓几乎立刻造反，没过几年就推翻了继位的秦二世。秦始皇建立的中国至今仍是一个超级大国，但秦朝的统治仅仅持续了十余年，而且他们始终没有找到长生不老的秘诀。

接下来还是说中国，但我们要把时间快速推进 17 个世纪，跳到 1505 年。如果你想知道，为什么最好别把国家交给从小被宠坏的人治理，那么你或许应该首先来认识一下明朝的正德皇帝（朱厚照）。

首先，他其实一点儿都不喜欢治理朝政，而更愿意出宫去打老虎或者睡女人。这很不理想，但是呢，你只能受着。

更神奇的是，他还虚构出了“另一个自我”，一个名叫朱寿的威武大将军，并且命令这个想象出来的大将军去北方打仗，而他自己当然也就非常忠实地化身朱寿去执行了，这样就“恰巧”远离了他讨厌的朝政，快活了好几个月。

这着实不可思议。

但或许更奇葩的是，他让人在皇宫庭院内建了个市集，而且是照着外头市集的样子建的，并强迫文武百官扮成商贩进去做生意，这样他就可以穿得像个平头百姓，在里面逛来逛去假装买东西。如此浪费时间当然非常丢人，但是如果哪个大臣敢对此有一丁点儿不爽还被他逮着了，那就别想干了，甚至还会遭到更严重的责罚。

是的，这一点或许是最不可思议的。

哦，还有一次，元宵节马上就要到了，但他决定把所有火药存放在皇宫里。至于结果，你应该能猜个八九不离十：炸了呗。（他并没有被这场大火烧死，但是后来他又从渔船上掉进河里，由此落下的病根最终要了他的命，死时年仅 29 岁。傻帽一个。）

世袭制的一个问题就在于，当继位者显然极度讨厌治理国家时，赶鸭子上架往往就意味着世袭走到头了。正德皇帝就是这种情况，同病相怜的还有巴伐利亚国王路德维希二世。与这张名单上的大多数其他统治者不同，“疯王路德维希”基本上没干什么坏事；他只是对巴伐利亚国王应尽的职责丝毫不感兴趣。相反，他更愿意献身于绝妙的艺术。

看着一段段所谓的统治者疯狂史，你几乎肯定会注意到很多“最疯狂的君主”有一些共同点：负责撰写历史的人似乎都在用“精神错乱”或“怪癖”代指“不那么直”。尤其是瑞典女王克里斯蒂娜，她不肯结婚，喜欢穿得像个爷们儿，头发乱蓬蓬的，身边有如今所谓的“女伴”陪着。因为受不了逼婚的压力，她选择放弃王位，扮成男人离开瑞典去了罗马，像个亚马逊女战士一样骑着马进城。

我们永远只能试探性地猜测历史人物的真实性取向；我们得记住，即使是西方社会，也是最近 150 年里才渐渐承认“同性恋”是一种特定、明确的身份。尽管如此，说路德维希二世是超级同性恋，基本上错不到哪儿去。

路德维希是个腼腆、有创造力的梦想家，他对政务和军务丝毫不感兴趣。在 1864 年，年仅 19 岁的他成了国王，但他却退出公众的视线，将时间和精力都花在资助艺术家上。更重要的是，他干这个还非常在行。

他倾注大量资源来修建剧院，雇用顶尖人才，把慕尼黑变成欧洲的文化之都。他是瓦格纳的铁杆粉丝，后来更是成了瓦格纳的个人资助者。当时人人都想把傲慢自大的瓦格纳赶出城去，多亏有路德维希的支持和资助，他才得以创作出艺术生涯晚期的杰作。除了这些，路德维希还热衷于盖城堡。

他想让巴伐利亚到处都是童话般的城堡。他请舞台设计师而不是建筑师来设计城堡，极尽奢侈地修建了一座比一座华丽的宫殿：林德霍夫宫、海伦基姆湖宫以及最为梦幻的新天鹅堡。新天鹅堡坐落在阿尔卑斯的群山中，耸立于一处峭壁之上，离他的故乡很近。

所有这些都令巴伐利亚的达官显贵极为不安。但这不是因为路德维希不理政务——事实上，他会迅速处理完各种文书工作，以便尽快脱身，致力于他真正热爱的事业。那是为什么呢？主要是因为他为了自己的艺术追求负债累累，而且非常不愿意在公共场合露面。另外，他对军务的兴趣似乎主要在于骑兵队里一个个热辣性感的帅哥。

然后还有一个继承人的问题。跟很多其他国王一样，路德维希也一直承受着结婚生子的压力。他曾经跟一位同样热爱瓦格纳的女公爵订婚，但却一次又一次地推迟婚期，最后还是在婚礼前两天解除婚约，并且终生未婚。

随着路德维希欠的债越来越多，设计的城堡越来越复杂，他在宫廷中的敌人终于坐不住了，决定沿袭历史悠久的传统采取行动，于是国王就“被精神病”了。现在，关于路德维希家族可能有遗传精神问题的议论就不再是捕风捉影（他姑姑觉得自己体内有一架玻璃钢琴，尽管这并未妨碍她在文学上有所成就）[1]。在那些密谋者的威逼利诱之下，四位德高望重的医生共同签署了路德维希发疯的诊断书，但实际上他们谁都没给他做过检查，只有一位医生见过他，但那还是在 12 年前。为了证

---

[1] 指的是巴伐利亚公主亚历山德拉·阿米莉（Alexandra Amalie，1826－1875），她称自己小时候吞下过一架玻璃钢琴，因为非常担心把体内的钢琴摔碎，所以行动怪异。她从 1852 年开始自己的文学生涯，致力于小说和散文写作以及文学翻译。

明他显然难以胜任治理国家之责，密谋者列出了很多“铁证”，其中一条是他不准仆从给他的咖啡加牛奶。

他们的诡计得逞了。尽管一位友好的女男爵用雨伞击退了政府的特派专员，路德维希最终还是遭到废黜，并被关押在慕尼黑南部的一座城堡中（抱歉，公开的说法是“为他的健康着想，让他在那里接受治疗”）。三天后，在一个水很浅的湖中，路德维希和医生双双“神秘死亡”。这更加让人怀疑整个事件并不那么光明正大，背后很可能有阴谋。

但从某些方面看，笑到最后的是路德维希。你说他在那些城堡上浪费了巨大的资源？如今它们可是蜚声全球：新天鹅堡已经成了巴伐利亚的标志，每年吸引数百万游客，绝对是当地经济的福音。要不是当初那些密谋者废黜了路德维希，终止他未来的修建计划，谁知道他还能给如今的巴伐利亚人留下多少宝贵的遗产？在这里，坏事儿的人不是可怜的梦想家路德维希，而是那些密谋者。

即使你从来没听说过新天鹅堡，你也已经见过它上百次。在迪士尼的电影《灰姑娘》和《睡美人》中，那些梦幻城堡的灵感就直接来自新天鹅堡的浪漫塔楼和尖顶，它们本身就成了这家世界头号娱乐公司的代名词。每当你在迪士尼的动画标志中看到流星划过城堡上空，撒下绚丽缤纷的仙尘，那其实就是路德维希的梦想在延续。

个人的梦想和天赋所在与执政大相径庭，这样的领导者远远不止路德维希一个。路德维希热衷于修建城堡，那至少还是一种职业，还算是在君主该有的活动范围之内。有些领导者的爱好就更出格了，比如痴心不改、不屈不挠地就想当扒手。

在二战期间参加一个重要会议时，埃及国王法鲁克一世扒走了温斯顿·丘吉尔的手表。如果他人生中唯一惹人注意的“成就”只有这一点，那么今天人们对他的印象可能就会稍有不同，而历史对他的记载，如果往差了写，最多也就是个没什么危害的怪人，往好了写，那就是个带有传奇色彩的独裁者，称得上“逗比之王”。

但法鲁克并没有就此止步。

作为埃及第二位也是最后一位成年时在位的国王，法鲁克拥有的财富多到我们任何人都难以想象，但他就是嗜偷如命，不仅偷达官显贵，还偷平民百姓。他把埃及最臭名昭著的扒手从监狱放出来，就为了跟他学习偷技。有一次，伊朗国王刚刚去世，灵柩运回德黑兰时途径埃及，法鲁克居然把里面的陪葬品给偷了出来，其中包括一把镶宝石的剑以及其他贵重物品。(不用说，这相当于引发了一场外交争端)

除了偷东西，法鲁克的其他一些嗜好也表明，他或许就不是当国王的料。他还以能吃、生活奢侈、喜欢大摆宴席著称。他曾被形容为“长着脑袋的胃”；在继承王位时，他还是个英俊少年，但是没过多久他就像吹气球一样吃成了大胖子，体重超过 250 斤。他还超爱自己那辆红色宾利公务车，为此下令埃及除了他谁都不准开红色的汽车。他收集大量低级的色情作品。他还是个积习难改、挥金如土的赌鬼，身边簇拥着一小撮投机分子、行骗家和贪官污吏。有一天他做了个噩梦，梦见自己遭到狮子攻击，一醒来他就叫人送他去开罗动物园，雷厉风行地射杀了那里的狮子。

他如果不是一直忙着在其他方面疏远民众，失去了他们的支持，或许还不会因为上述恶习遭到报应。1922年，英国极不情愿地承认了埃及的独立，但仍在那里保持大规模的军事力量，这让法鲁克的很多臣民越来越不满，并将王室看作西方的傀儡。在他们看来，英国人对法鲁克也越来越恼火，嫌他这个傀儡当得不够彻底。(想进一步了解这方面的情况，请参阅稍后探讨殖民主义的章节)

在二战爆发后，几乎每个人都反对法鲁克。这不仅仅是因为偷丘吉尔手表这类糗事，还有其他一些小事，比如全城因德国轰炸实施灯火管制期间，他所在的亚历山大宫却拒不关灯。再比如，他给阿道夫·希特勒写了封简短的便函，说他欢迎纳粹入侵，理由是那或许可以帮他摆脱英国人。

在整个战争差不多要结束时，一拖再拖的法鲁克总算对轴心国宣战，因而也暂时缓解了千夫所指的处境，但是并没有坚持多久。在1952年，埃及发生军事政变，法鲁克被迫宣布退位(严格来说，在君主制彻底废除之前，他那六个月大的儿子接替他当了不到一年的国王)，然后流亡到摩纳哥和意大利，在那里度过了余生。正如《时代》周刊所写，他在那里“变得更加肥胖臃肿，而且更加执着地追逐女色”。最终，他的下场跟历史上其他流亡领袖差不多：年仅45岁的他，在罗马的一家饭店狂吃一顿之后，心脏病发而亡，死时嘴上还叼着雪茄。

（在此声明，丘吉尔并不觉得偷手表这事儿很好笑，而且非常愤怒地把表要了回来。）

你可能希望随着时间的推移，统治者的素质会有所提高，但事实上有很多现代的领导者也烂得不可思议，一点儿都不亚于历史上的同行。比如，从土库曼斯坦还是苏联的一部分开始，到后来独立，历时20多年，这个国家一直由萨帕尔穆拉特·尼亚佐夫统治，直到他在2006年去世。

20多年里，尼亚佐夫一直靠突发奇想治理国家，他的那些怪念头几乎全都非常奇葩。他坚持让别人称他为“土库曼巴希”，意思是“土库曼人的英明领袖”。他禁止狗进入首都阿什哈巴德，因为他不喜欢狗的气味。他禁止男人留胡子、蓄长发，还禁止人镶金牙。他热衷于评论电视明星，并禁止电视新闻播报员化妆，因为他说那让他分不清男女。他还禁止了歌剧、芭蕾舞和马戏团，禁止在演唱会上假唱，禁止在婚礼等活动中播放录制的音乐，甚至禁止在车内听收音机。

他在阿什哈巴德给自己立了一座巨大的镀金雕像，可以缓缓转动，这样就能一直面朝太阳。他极爱给各种东西取名。在2002年，他把一月改名为“土库曼巴希”，把四月改为他母亲的名字“古尔班索尔坦”。土库曼的一个大城市被更名为“土库曼巴希”，面包也被改名为他母亲的名字。阿什哈巴德的机场被命名为“萨帕尔穆拉特·土库曼巴希国际机场”。他还专门设了个节日来纪念甜瓜,还特地把其中一个新品种也取名为“土库曼巴希”！意不意外？惊不惊喜？

他写了一本书，名为《灵魂之书》，里面混杂了诗歌、自传、历史教训以及自救手册。这本书里的知识是全国驾照考试的必考内容。他下令关闭了首都以外的所有图书馆，理由是有《古兰经》和《灵魂之书》就够了，谁都不用再看别的书。他还在首都给自己的《灵魂之书》建了一座巨大的雕像，可以旋转并定时播放书中内容。他宣布，只有读了这本书，将来才有资格进天堂。

他还挥金如土地修了不少荒谬的建筑，比如沙漠中的冰宫、一座巨大的金字塔和一座耗资 6000 万英镑的清真寺——被他命名为“土库曼巴希之魂”。他在一座荒山上建了一段巨大的混凝土台阶，并强迫公务员每年都要沿着它爬 23 英里。在 2004 年，他开除了土库曼卫生系统的 15000 名医务人员，用士兵顶替他们；他关闭了首都以外的所有医院，理由是谁生病了可以来首都治；他还把医生宣誓用的希波克拉底誓词，换成了向土库曼巴希宣誓的誓言。在他的统治下持不同政见者遭到镇压，所有的社团、政党和宗教组织都必须在“公平部”登记。公平部的大楼外矗立着一尊巨大的正义女神像——人们不禁会注意到，女神看起来像极了土库曼巴希的娘亲。

我们能从尼亚佐夫糟糕透顶的漫长统治中吸取哪些更重大的教训，尚不完全清楚，但有一点可以确定的是，哪怕你发现自己的行为有一点点像他，拜托，请悬崖勒马。

尽管土库曼巴希这么烂，尽管倒霉的土库曼斯坦在他统治的 20 多年里饱受磨难，他却仍然没能跻身“最可悲独裁者”排行榜的前列。人类历史上一直都有比他更邪恶甚至更无能的领导者。但是，如果你想证明独裁统治究竟能烂到什么程度，那么比奥斯曼帝国更烂的真不多，它能让你见识到什么叫霉运三连。

镀金笼子

没有几个地方像 17 世纪上半叶的奥斯曼帝国这么倒霉，一连经历好几任糟糕至极的领导者。当后人提到其中两个领导者时，通常会给他们的名字加个“疯”字，而这没有半点赞美的意思。更糟糕的是，还有一个领导者虽然没被后人以“疯”相称，但是实际上，他也许最对得起这个称呼。

考虑到其中两个人是亲兄弟，而另一个是他俩的叔叔，这让人不得不怀疑是遗传因素在作怪。但是同样地，你也会不由自主地觉得：“嗨，可不就应该这样吗，你还想咋地？”如果你真想弄出个系统来生产不太稳定的统治者，那我实在想不到你怎么能搞得比这家人更好。

在这期间，置身伊斯坦布尔的托普卡帕宫可不太安全，而如果你是现任苏丹的儿子，那就更不安全了。问题在于你的兄弟——或者至少可以说，等现任苏丹一咽气，你们立刻都想夺取王位，那时他们就成了问题。

正如当时君主制国家经常发生的那样，数百年来，为夺取继承权而展开的血腥斗争，实际上已经成了一种传统，而且很讨厌的是，这种斗争很容易恶化为旷日持久的内战。这对任何人来说都非常麻烦，尤其是当你需要扩张自己的帝国时，所以苏丹的儿子通常会果断地先发制人，不给同胞争夺的机会。怎么做呢？嗯……把所有兄弟都谋杀了。

这种习以为常的手足相残使得奥斯曼王朝始终岌岌可危，因为如果现任苏丹没有儿子可以继承王位，而他的兄弟又都被他杀光了，那么他一死，王朝的统治也就跟着毁于一旦。另外，苏丹穆罕默德三世的做法引起了小小的非议：在1595年登上王位时，他至少杀死了19个弟弟，这似乎让每个人都觉得有些过分。所以，从穆罕默德三世的继任者艾哈迈德一世开始，一个折中方案出炉了：把多余的兄弟关在一个叫作Kafes的地方，其字面意思是“笼子”。

事实上，Kafes并不是一个笼子，而是一座相当豪华、高雅的塔楼，紧挨着后宫。但是，它也确实有些像笼子，因为关在里面的人无法离开。

当艾哈迈德一世在1603年成为苏丹时，他出乎意料地打破杀害兄弟的传统，留了弟弟穆斯塔法一条活命。之所以做出这样的决定，可能有一部分原因是当时兄弟俩都很小，穆斯塔法只有12岁，艾哈迈德也才13岁，而且直到第二年才有自己的儿子。当然，可能也有部分原因是他同情穆斯塔法，当时这个弟弟似乎已经不堪一击。也许，艾哈迈德一直都还算……挺宽容的?

总之吧，穆斯塔法没有被杀，而是“被罚出场”，关进了“笼子”，同时艾哈迈德一世继续当他的苏丹。这一切都进行得很顺利，直到1617年艾哈迈德死于伤寒。

到这时他已经有一群儿子，严格说来，本应该由他们继承王位。但是，他们年纪尚小，再加上各种各样的宫廷阴谋——主要的罪魁祸首是艾哈迈德最喜欢的宠妃柯塞姆，她不希望自己的儿子在同父异母的兄弟掌权时被谋杀——所以王位背后的势力决定改变继承顺序：不传给艾哈迈德的长子奥斯曼，而是传给艾哈迈德的兄弟穆斯塔法。就这样，穆斯塔法成了穆斯塔法一世。

公平地说，这种安排不太成功。

穆斯塔法其实不适合做苏丹。他似乎对此没有多大热情，更何况在人生的头12年里，他一直以为自己最终会被兄长除掉，然后在接下来的14年里，他虽然幸运地保住了小命，但遭到囚禁，终日无所事事，除了抽大烟就是跟妃嫔厮混。势力强大的宦官原指望回归社会能让他正常一点儿，结果竹篮打水一场空。

穆斯塔法的主要执政方式似乎包括：异常频繁地咯咯傻笑、揪大臣的胡子、在大臣想要奏报重要政务时扯掉他们的包头巾。他经常胡乱任命官员，对外出打猎时碰到的农民都能委以要职。他还有另外两件荒唐事也广为人知：一是不管在皇宫什么地方，身边总有两个几乎全裸的女奴陪侍；二是他一直想拿金币和银币喂鱼。

这场闹剧持续了大约 3 个月，最后大家实在受够了，于是穆斯塔法一世就被 14 岁的奥斯曼推翻了。不知怎么着，他再次逃过一劫，又被送回了笼子。

这件事本该到此为止，谁承想早熟的奥斯曼二世雄心勃勃，热衷于改革，不肯受传统的束缚。（嗯，只能说大体上是这样，因为在其统治期间，他也遵循家族的传统，想方设法地挤出时间来，谋杀了至少一个兄弟）奥斯曼二世犯了一个致命的错误：他真的惹恼了王朝的精锐部队禁卫军。他指责禁卫军没能赢下他指挥的一场战斗，因此惩罚他们，关了他们的咖啡馆，不准他们抽烟喝酒，最后还打算把他们全都遣散，到叙利亚另外征募一支军队。

他可能真心想提高军队的战斗力，但不出所料的是，那些禁卫军并不支持这个计划。于是，奥斯曼二世就赢得了奥斯曼历史上首个被弑君主的殊荣，而且下手的禁卫军还给了他一个别出心裁的死法儿：弓弦勒脖子加上“捏爆睾丸”。

然后，在没有别人可以继位的情况下，穆斯塔法再次走出笼子，肩负起重任。这次他干得咋样呢？当然……还是稀烂。

把他推上王位的那些家伙，莫非以为再次监禁四年能改善他的精神状态？我们不得而知。但是，如果他们真是这么想的，那他们很快就会失望，因为穆斯塔法立马就不亦乐乎地再次开始胡说八道。一开始，当那些人过来说他又当上了苏丹，想把他从笼子里弄出来时，他把自己关在里面，死活不肯出来，还解释说“我不想当苏丹”（这倒也合情合理）。后来他们费了好大力气，在屋顶上凿了个窟窿，用绞车把他吊了出去。但是回到宫里之后，他一直跑来跑去，拼命地寻找奥斯曼二世。他以为奥斯曼还活着，可能藏在哪个橱柜里。我想他的逻辑是，如果能找到奥斯曼，那他就可以让位了，就没有人再逼着他当苏丹。

这一切又持续了 17 个月，然后大家再次达到忍受的极限；不过呢，穆斯塔法至少抢时间任命了一个赶驴人，让他去主持一座大清真寺。就连穆斯塔法的母亲也同意再次废黜他，只不过她希望他们能想办法留他一条命。令人称奇的是，居然每个人都同意，于是穆斯塔法又被送进笼子，在那里度过余生。当苏丹两次，被谋杀零次，他的记录堪称神奇。

对奥斯曼宫廷中的权势人物来说，新苏丹穆拉德四世有两大可取之处：首先他疯得不那么明显，其次他才 11 岁。他娘柯塞姆本身就是个非常老练的权势人物，借着这种安排，她打着傀儡儿子的名义统治了好多年。直到穆拉德四世长到足够年纪，人们才发现，即便不是精神不正常，他至少也是一个彻头彻尾的混蛋。

他继承了一个多少有些隐患的帝国，这促使他决心显示自己的权威，并且是严厉地显示。穆拉德认定，同父异母的哥哥奥斯曼做得还远远不够——不能只给军队颁布禁令，作为现任苏丹，他要给奥斯曼帝国的每一个人颁布禁令，禁止抽烟喝酒，尤其要禁止喝咖啡。

如果要给“就想惹怒很多人的举措”搞个排行榜，那么“在土耳其禁止喝咖啡”恐怕要与“在法国禁止吃奶酪”、“在美国禁止拥枪”并驾齐驱……哦，对了，还有“在英国禁止对其他国家有成见”。但穆拉德已经下定决心。他太讨厌喝咖啡的人了，以至于晚上会穿着便服亲自上街巡查，抓到喝咖啡的人就当场处决。

在不强制推行严厉的反咖啡法时，他也乐意放松一下，找任何他能想到的其他理由来处决臣民：你不该演奏这种音乐，处决你；你说话声音太大，处决你；你走路或行船离宫殿太近，处决你；或者，仅仅因为你是女人，就要处决你。是女人就尤其该杀。他对女人真是恨之入骨。

在穆拉德的统治快要结束时，他甚至都懒得再去处决臣民，因为那意味着他至少得找个含糊的借口。这时的他经常醉得分不清东西南北，几乎就是拿着把剑到处乱窜，谁倒霉给他碰上了，他就砍死谁。

他总共统治了17年，据估计，在其中短短5年里，他可能就亲自处决了约25000人，平均每天13人以上。这里我必须再次强调：就是这个家伙，居然没人给他的名字加个“疯”字！

哦对了，很显然，当初奥斯曼留下没杀的那些兄弟，大多数也被他给杀了。

穆拉德四世在1640年一命呜呼，死因是肝硬化——这肯定会让他的臣民有些意外，毕竟是他禁止人们喝酒。事实上到了这时，他就只剩一个兄弟没被他谋杀——易卜拉欣。在这之前的25年里，易卜拉欣几乎没出过笼子，而且始终生活在恐惧中，每天都担心看似不可避免的谋杀会降临。他的担心不无道理：实际上，穆拉德在临终前确实下了杀掉易卜拉欣的命令，他宁愿看到奥斯曼王朝彻底完蛋，也不想让易卜拉欣登上王位。但他最后没有得逞，唯一的原因就是，像兄弟阋墙常有的情况一样，他们的母亲柯塞姆插手阻止了谋杀。

既然穆拉德已经彻底消失，大家都禁不住松了一口气，但是易卜拉欣很快就告诉他们别高兴得太早，因为即使他进笼子的时候还没疯，等他出来时也肯定疯了。

就像之前的穆斯塔法一样，易卜拉欣起初也根本不愿意从笼子里出来，因为他深信这是穆拉德搞的诡计，为的是先把他戏弄一番，然后再开心地杀掉。要想让他消除疑虑，那就只能把穆拉德的尸体抬到他面前了。

把他哄骗出来之后，柯塞姆或许是意识到他不太适合理政，所以马上暗示他也许更愿意找妃嫔尽享鱼水之欢。不幸的是，易卜拉欣听从了她的建议，而且一发不可收拾。

易卜拉欣有很多癖好，比如痴迷于皮草，总是穿着皮草大衣，并且要求宫殿里的每个房间都用大量的皮草装饰。除了这些之外，易卜拉欣还痴迷于性爱，几乎无法满足。忙着替他理政的柯塞姆倒是巴不得如此——她叫人给易卜拉欣找来大量女奴，并且让他吃春药保持高涨的性欲，以防他因精疲力竭和阳痿而疏远性事太久，一不小心就想要亲自理政。

说实话，易卜拉欣的某些性癖极为残酷。摩尔达维亚大公迪米特里耶·坎泰米尔在若干年后写道："在皇宫的花园里，他经常把所有处女召集到一起，逼她们脱光衣服，而他则像种马一样在她们中间嘶鸣奔跑。等他从里面挑出一个女孩来强奸时，女孩还得听从他的命令，拳打脚踢地挣扎。"

更奇葩的是，据坎泰米尔所述，有一天易卜拉欣在旅途中看到一头野生母牛，然后就被它的生殖器迷得神魂颠倒，竟然照着做了一个模子，用黄金铸造了很多复制品，发往奥斯曼帝国各地，命令差役给他找到一个生殖器可以跟那头母牛媲美的女人。

真是个人才。

提醒：值得注意的是，坎泰米尔可能不是一个完全公正的消息来源。一方面，他曾在君士坦丁堡生活和学习，会说土耳其语，而且他写作的时候这些事件刚刚过去几十年。但是另一方面，他的这本书名为《奥斯曼帝国的兴衰史》，创作时间就在摩尔达维亚放弃奥斯曼帝国转而效忠俄罗斯之后没多久。那时他在战争中惨败，然后遭到废黜和流放，所以他对奥斯曼帝国可能有一丝丝怨恨。但奥斯曼帝国并未如他所愿的那样“衰亡”，而是又持续了两百多年。

不管是否因偶遇母牛而起，易卜拉欣的真命天女最终在亚美尼亚找到了，被赐名为“方糖”，很快就成了他最宠爱的妃嫔。到这时，情况开始有点儿失控了：有一天方糖告诉易卜拉欣，他的某个妃嫔一直在给他戴绿帽子，这让易卜拉欣怒不可遏。他的亲生儿子因为拿这件事说笑，结果被他用刀削掉了脸上一块肉。然后，由于无法确定到底哪个妃嫔是据说有罪的那个，他就命人把280多个妃嫔全都绑起来塞进麻袋，沉入博斯普鲁斯海峡，只有一人幸免于难。此事过后，柯塞姆担心方糖的影响力会越来越大，于是赶紧请她过去吃饭闲聊，趁机迅速杀了她。（事后柯塞姆告诉易卜拉欣，方糖暴病而亡）

这时，易卜拉欣的荒淫无度已经让他疏远几乎每一个人，纵欲享乐的奢靡生活也在迅速掏空国库。他有好几个儿子了，所以王朝不再受到威胁。甚至柯塞姆也承认易卜拉欣太过分，因此签字同意废黜他。于是在短短二三十年里，禁卫军第二次叛乱；一群暴民肢解了大维齐尔[1]，并把易卜拉欣关回可怕的笼

[1] 大维齐尔（grand vizier），苏丹以下的最高级大臣，相当于宰相。

子。他先是在那里度过了童年的大部分时光，如今又在那里凄惨地走完自己人生的最后十天——密谋者决定速战速决、不留后患，于是就弄死了他。

奥斯曼帝国的这段历史读起来太像一个血腥、厌恶女性的狂热梦魇，以至于有时你都不敢相信它是真的。跟它比起来，《权力的游戏》看着就像《乡村档案》[1]一样温和。当然，对于这段历史，我们有时同样难以分辨哪些是事实，哪些仅仅是给政变和谋杀找理由的宣传。

这段历史的故事不是只有某个疯狂的男人，以及少数试图稳定局面的女强人；在那个时代，整个世界的大部分地区都在迎来新技术，经历剧烈的经济转变，效忠的对象变幻不定，边界被重新划定，战争无处不在。奥斯曼帝国当然也不例外。到了 17 世纪下半叶，奥斯曼人终于度过这一动荡时期，挥别习以为常的手足相残和内战，迎来刚刚货币化的经济，有效地将政体从封建君主专制转变为现代官僚制。因此，这一时期根本不能说是奥斯曼帝国衰落的开始，实际上总体来看，他们很好地走出了这一切！

然而，对所有那些遭到谋杀的人来说，这恐怕算不上是什么安慰。

---

[1] 《乡村档案》（*Countryfile*），开播于 1988 年的一档电视节目，专门报道英国的农村、农业和环境问题。

另外五位名不符实的领导者

德皇威廉二世

德国的威廉二世深信自己是个极具外交天赋的谈判专家，然而事实上，他唯一的天赋就是冒犯他接触过的几乎所有国家，这或许有助于解释第一次世界大战是怎么发生的。

詹姆斯六世及一世

他并不是有史以来最差的国王，毕竟他同时戴上了苏格兰、英格兰和爱尔兰的王冠，并命人编译出一本相当不错的钦定版《圣经》。但是他沉迷于迫害女巫，亲自监督对女巫的酷刑折磨，还专门写了本书，记述他猎杀女巫的丰功伟绩。

克里斯蒂安七世

从很多方面来说，丹麦的克里斯蒂安七世都是一个很差的国王，但他最不像国王的地方，大概要数他难以自拔、无法控制的手淫。

沙皇彼得三世

他只是太痴迷于玩具士兵了。因为只顾着摆弄那些玩偶，婚后好多年他都没跟妻子叶卡捷琳娜圆房（在把他废黜之后，她成了“叶卡捷琳娜大帝”）。有一次，他发现一只老鼠在啃他的玩具兵，于是就把它送上了军事法庭。

查理四世

关于法王查理四世，最著名的就是他的妄想：他坚信自己是玻璃做的，随时可能碎成一地渣渣。英国人骗他签署了一份条约，宣布英国王室有权继承法国王位，这基本上意味着两国之间一定会爆发持续几个世纪的战争。此后没多久，查理四世可悲的统治就结束了。

第五章
人多，作死的力量也大

由于独裁统治者有本事以令人恐怖的规模捅出歌剧般恢宏的大娄子，所以随着历史进程的发展，各种各样的国家都尝试过“民主”这个小东西，试图借此来缓解那些大娄子造成的影响。必须得承认，他们都取得了不同程度的成功。

最早的民主尝试究竟发生在何处，这个问题还颇有争议——集体决策的形式几乎是所有早期小型社会的一个特征。也有一些证据表明，在大约2500年前的印度出现了至少接近于民主的东西。但是一般认为，在同一时期，也就是公元前508年前后，是古希腊的雅典城邦最早采用民主政体，并将其编纂成法典。

当然，民主的很多关键特征（政府对所有公民开放，公民可以通过选举换掉他们不喜欢的政府）都取决于谁可以算作公民。在人类历史的大部分时间里，在很多不同国家，公民都不包括一些无关紧要的边缘群体，比如女人、穷人或者少数族裔。我的意思是，你不能随便什么人都给权力，对不对？

民主的另一个问题在于，当人们认为民主可能赋予他们权力时，他们通常会成为民主的狂热粉丝，但是当民主看起来可能夺走他们的权力时，他们对民主的热情就会急转直下。因此坦率地说，民主往往要花非常大的力气来确保自身的存在。

例如，罗马就试过各种巧妙的方法阻止民主滑向独裁。一个方法是让两个人同时担任执政官——这是最有权势的民选职位，兼具民事和军事领导权。当选的两个人将任职一年，按月轮流执掌最重大的权力，并各自统领四个罗马军团中的两个。这是个相当聪明的方法，意在确保绝对权力不会落入单个人手中。

不幸的是，当四个军团需要参加同一场战役时，这种安排就不甚理想了。比如在公元前216年的坎尼会战中，罗马军队前去迎击迦太基人集结的重兵。迦太基的军队由著名的战象爱好者汉尼拔一人指挥，罗马军团则由卢基乌斯·埃米利乌斯·保卢斯和盖乌斯·特伦提乌斯·瓦罗共同指挥，指挥权每天在这两个执政官之间轮换。由于两人在战术上有分歧，这个问题就更加严重了。今天是谨慎的保卢斯掌权，明天就换成了鲁莽的瓦罗，如此反复。汉尼拔想引诱罗马军队出击，然后他只多等了一天（也就是等到瓦罗执掌指挥权时）就如愿以偿，最终罗马军团几乎被全歼。

实际上罗马人有办法防止这种分歧发生——他们会任命一个“独裁官”，一个在危机时期被赋予绝对权力的人，前提是此人在完成使命后就会卸任。（讽刺的是，就在坎尼会战前夕，罗马元老院因为不喜欢独裁官的战术，解除了他的指挥权）在理论上，这同样也是一个非常好的想法，但它的确过于依赖独裁官的觉悟：你得指望大权和重兵在握的他，过后会甘愿放弃这一切。大多数独裁官的确做到了，但是有个野心勃勃的家伙坏了规矩。这个名叫尤利乌斯·恺撒的家伙发现，原来自己相当喜欢权力啊，于是他就决定，如果你们都不介意的话，那这个独裁官我就一路当下去了。恺撒的专权后来终结了，但他的继任者也认为绝对权力非常值得拥有，于是罗马共和国很快就变成了罗马帝国。

为了防止利欲熏心的人获得过大的影响力，民主制度采取的某些做法其实相当不凡。如果说你对美国的选举人团制度[1]感到困惑，那你该庆幸自己没活在威尼斯共和国。如今 doge 一词已经成了互联网流行的柴犬梗，其主角是只蠢萌的日本柴犬，然而在此之前有那么几百年，威尼斯共和国的统治者和领导者就是一个 doge，也就是总督，他由或许是有史以来最复杂的选举人团制度推选产生。

[1] 选举人团制度，选民在总统候选人之中投票的同时选出代表各自州的选举人，组成共 538 人的选举人团，选举人团之后将代表自己所在地区，将选票投给当地得票数最高的总统候选人，最终赢得 270 张或以上票数的人获胜。

考虑到这个总督是终身制，由大议会选举产生，而大议会由一百来个寡头组成，显然存在腐败的可能。有鉴于此，威尼斯共和国在1268年建立了一个选举制度，意在防止任何人用贿赂等手段操纵选举。整个选举过程是这样的：首先大议会通过抽签随机选出30名成员，然后这30人再次抽签选出9人。接着，由这9人推选出40名议员，并且后者再次抽签将人数缩减到12人。这12人再推选出25名议员，而这25人再次通过抽签变成9人，然后他们再推选出45人，后者再次抽签变成11人，而这11人再推选出41人——整个过程折腾到第10个回合，现在总算可以由这41名议员来选举总督了。

有本事你一口气把上一段大声读下来试试。

这显然极为可笑，而且对于想要做出预测的威尼斯政治专家而言，这必定有如一场恐怖的噩梦。但是从选举公平性的角度来说，这个制度似乎真的非常成功（当然首先你得是个威尼斯寡头），因为它一直沿用了500多年，其中大部分是繁荣时期，直到1797年威尼斯共和国最终被拿破仑·波拿巴征服。

坦白地说，这个制度让威尼斯成了国家稳定的灯塔，尤其是跟意大利对比：截止到我写完本书时，意大利在战后的72年里已经换了65届政府和43任总理，而同一时期英国只换了15任首相（两国都有一些人任职超过一届，因此我说的是“任”而不是“位”）。之所以要强调“截止到我写完本书时”，是因为就在那时，不给力的意大利正再次面临仿佛上天安排好的宪政危机。等到本书出版时，他们或许已经迎来第66届政府和第44任总理，甚至有可能更多。因此为了准确起见，我把这个事实再陈述一遍，只是在其中留了空，方便你们填入最新的数字：

> 自1946年以来，意大利已经换了[ ]届政府。
> （请访问"意大利有过多少届政府.com"查询最新数字）
> 是不是该用铅笔写啊？

说到民主的脆弱性，一个问题在于当蓬松可人的自由民主制被更专制的政权接管时，之前看似合理的政策可能就会事与愿违地导致相当可怕的后果。例如在19世纪上半叶，刚刚从西班牙独立出来的墨西哥当局，决定好好利用一下北部省份得克萨斯未开发的土地。墨西哥人希望建立一个缓冲区，保护自己免受科曼奇人的袭击以及美国西向发展的冲击。于是，他们开始鼓励美国的牧场主和农场主来得克萨斯定居，并将大片土地交给所谓的"企业家"，也就是后来怂恿美国人采取行动的代理人（对有些人来说，当时两国之间没有引渡条约可能是个重要因素）。

后来，一些企业家显然正逐渐取得重大的政治力量，而且很多移民不愿意融入，也不愿遵守墨西哥政府的法律。到了这时，墨西哥当局开始意识到这事要出乱子。他们吓坏了，因此在 1830 年突然就想禁止更多的美国移民进来，但是很快就发现他们自己根本无力阻止美国移民越境涌入。

再后来，局势到了危急关头：这个相对自由的墨西哥政府被专制独裁的统治者、总统安东尼奥·洛佩斯·德·圣安纳取代，后者在 1835 年解散了墨西哥国会，强行修改宪法，把权力都揽到自己手中，从而事实上成了一个独裁者。他还开始强力镇压得克萨斯的反对之声，也就等于镇压美国移民社区，其结果只能是加剧紧张局势，很快，一场全面叛乱即将爆发。到了 1836 年，当包括阿拉莫之战[1]在内的一场战争过后，得克萨斯宣布独立。到了 1845 年，得克萨斯加入不断扩张的美国，结果墨西哥非但没能建立一个对抗美国的缓冲区，反倒失去了一个宝贵的省。

我们可以从中吸取几个有分歧的教训。一方面是“不要先是鼓励移民，过后却与那些移民社区反目成仇”，另一方面则是“也不要以为你们将永远是个民主国家，因为那恰恰是你们出乱子的时候”。

当然，民主首先在一定程度上依赖于选民做出正确的决定。例如在 1981 年，加利福尼亚小镇萨诺尔选举了一只狗来当镇长。博斯科·拉莫斯是只黑色的拉布拉多混血狗，就因为有天晚上，它的主人布拉德·莱伯在当地酒吧说了一大通屁话，第

---

[1] 当时的得克萨斯为摆脱墨西哥统治发动了一场独立战争，阿拉莫之战是其中的重要战役，其结果是得克萨斯军几乎全军覆没，阿拉莫沦陷。

二天它就参加了镇长竞选，并最终以压倒性优势击败两位人类候选人。对博斯科和萨诺尔镇的选民来说，这个结果其实好像还不错——博斯科被广泛称赞是一只乖狗狗，为萨诺尔当了十多年的镇长，直到 1994 年去世。在 2013 年，一位居民向《圣何塞水星报》回忆说，镇长“过去常在各个酒吧里待着，如果你不给它吃的，它就会冲你咆哮”；还有传言说它跟镇上很多不同的母狗生了许多小狗，说实话，这听起来像是相当标准的政客行为。萨诺尔镇的居民都很怀念博斯科，镇上至今仍矗立着它的一尊青铜像。

博斯科当选镇长可能确实让人意想不到，但它还远远算不上是最诡异的非人类胜选者。这项殊荣可能得颁给帕尔瓦皮埃斯，一个爽脚粉品牌，它在 1967 年当选厄瓜多尔皮科萨镇的镇长。帕尔瓦皮埃斯甚至没有正式参选，但它的制造商确实在全国范围内开展了一场玩笑式的营销活动，宣传口号是“你可以投票给任何候选人，但如果你想得到幸福和卫生，请投给帕尔瓦皮埃斯”。选举日到来之际，帕尔瓦皮埃斯在多个选区获得了数千张补名选票，而在皮科萨镇，这个爽脚粉品牌居然莫名其妙地夺得第一名，这让一众人类候选者极其懊恼。

尽管选举非人类的政客极其另类，但是如果你想看到一个真正傲人的民主烂摊子，你最好还是选一个人类出来——众所周知，让一个爽脚粉品牌当镇长，这还远远算不上厄瓜多尔现代史上最糟糕的选举结果。

相反，这一殊荣很可能属于1996年当选的阿夫达拉·布卡拉姆。布卡拉姆当过警察局长和市长，还客串过摇滚歌手，参加竞选时给自己整了个外号叫“疯子”。他在民粹主义的竞选宣传中攻击国内的精英阶层，因此取得压倒性胜利。正如《纽约时报》在他当选后所报道的，担任警察局长期间，他“追捕穿超短裙的女人，追上后跳下摩托车，撕开她们的裙褶好让裙子变长”，并因此而臭名昭著。当市长期间，他也有勒索当地企业的不良记录，并在1990年跑到巴拿马以逃避贪腐指控。在总统竞选期间，他采用了相当另类的集会和竞选广告，常常会在这些场合献唱，让伴奏的乐队在竞选行程中一直跟随。另外他还承诺，当选后他将终止国内政治阶层所致力的私有化和财政紧缩等新自由主义政策。所有这些都很投合国内工人阶级的心意，等于是在给他们打鸡血。他还爱搞其他幺蛾子，比如留希特勒式的小胡子、宣称自己最喜欢的书是《我的奋斗》等等，换成其他政坛人物可能就意味着职业生涯的终结，然而对布卡拉姆来说，这些似乎算不上成功的障碍。

他上台后没过几个月，那些投票把他选上来的穷人就有些意外地发现，他所公布的经济计划也是一个新自由主义的计划，也要扩大私有化并加倍实行财政紧缩，而这些恰恰是给他投票的选民指望他来废止的政策。哦对了，他还试图取消总统任期的限制。在宣布经济政策的讲话中，他还有感而发，花了很长时间抨击一家总是批评他的报纸。

在任期间，他仍继续致力于自己的古怪行为，比如发行了一首单曲《陷入爱情的疯子》、会见因割掉老公命根子而出名的洛雷娜·博比特、把自己的希特勒式小胡子用于慈善义卖。此外，如果当时的新闻报道属实（同样，有时我们还是很难判断哪些指控是真实的，哪些仅仅是流言蜚语），那他还让自己十几岁的儿子非正式地负责海关事务，据说他们还搞了个派对，庆祝他儿子人生首次赚到百万美元。当时厄瓜多尔的最低工资是每月三十美元，因此你可以理解为什么这可能会让一些人非常恼火。

不出所料，公众舆论很快就转而反对布卡拉姆，引发了大规模的街头抗议，最终他仅仅当了六个月总统就遭到弹劾及罢免，理由是他“心智上难以胜任”。（这几乎肯定只是个借口，但是既然你顶着“疯子”的名号参加竞选，那你现在恐怕也没什么好争辩的）他还被指控挪用数百万美元，于是再次迅速出逃，流亡到巴拿马。我们可以从这整件事中吸取很多不同的教训，但最重要的一个或许是：“如果有人留了希特勒式的小胡子，呃，那可能算是一个危险信号？”

说到这里，如果不聊聊希特勒，那你就不可能真正领教民主制度噩梦般地迅速走入歧途的本事。

希特勒

听着，我知道你在想什么。本书讨论的是人类作为一个物种犯下的可怕错误，所以把希特勒写进书中实在算不上有史以来最大胆的举动。你现在恐怕不会说：“哇哦，从来没听说过这个人，这是多么宝贵的历史知识啊！”

但除了希特勒（显然）是个搞种族灭绝的疯子之外，他的统治还有一个方面可能被我们的普遍看法忽视了。尽管流行文化长期以来乐此不疲地把他当成嘲弄对象，但我们仍然倾向于相信纳粹机器有着残酷的高效率，而这个伟大的独裁者把大部分时间都花在了……嗯……发号施令上。

因此我们很有必要记住：希特勒实际上是个无能、懒惰的自大狂，他的统治也绝对是十足的小丑表演。

事实上，这甚至可能有助于他夺取政权，因为他一向被德国的精英阶层所轻视。在成为总理之前，他的很多对手都把他当笑话看，因为他的演讲和集会都非常粗俗乏味。有位杂志编辑说他是个“可悲的傻瓜”，还有一位编辑说他的政党就是个“窝囊废协会”，人们不应该“高估这个不入流的政党”。

甚至在一次次选举使纳粹成了德国议会中最大的政党之后，人们仍然认为希特勒是个狂暴且容易受骗的傻瓜，可以轻易地被聪明人控制和利用。刚刚被撤职的总理弗朗茨·冯·巴本心有不甘，决意夺回权力；他以为自己可以拿希特勒当马前卒，于是跟他讨论组建联合政府。当双方在 1933 年 1 月达成协议后，希特勒成了总理，冯·巴本任副总理，内阁成员都是后者的保守派盟友，所以冯·巴本对自己的胜利信心满满。“他只是我们雇来的。”他请一个试图警告他犯了错误的熟人放心。“不出俩月，我们就能把希特勒逼入绝境，向隅而泣。”他对另一个朋友放出豪言。

结果正相反，没出俩月，希特勒就完全控制了德国，说服议会通过一项法案，赋予他绕过宪法、总统及议会本身的权力。曾经的民主国家突然间就不再是民主国家了。

为什么德国的精英始终低估了希特勒呢？或许他们对他能力的评估并没有错，只不过他们没有意识到，无能并不足以阻碍他实现自己的野心。事实证明，希特勒在管理政府方面真的很差劲。正如他的新闻主管奥托·迪特里希后来在回忆录《我所了解的希特勒》中所写，“在希特勒统治德国的 12 年里，他在政府中制造了文明国家中前所未见的混乱。”

希特勒讨厌文书工作，经常不看助手准备的材料就做出重大决定。他不喜欢跟下属讨论政策问题，而更喜欢让他们听他即兴发表漫无边际的演讲，畅谈他心里的随便什么想法——下属都很怕这个，因为不听他嘞嘞完他们啥也干不了。

他的政府时常陷入混乱，官员不知道他想让他们做什么，没有人完全清楚谁实际上负责什么。需要他做出艰难决定时，他会玩儿命地一拖再拖，最终往往依靠直觉拍板，搞得连最亲密的盟友也对他的计划一头雾水。他的密友恩斯特·汉夫施滕格尔后来在回忆录《白房子与棕房子之间》中写道，他的“不可靠让与他共事的那些人极为懊恼”。这意味着，他们大部分时间不是在履行自己的职责，而是在搞内斗，互相背后捅刀子，以求争得希特勒的认可（在他高兴时），或者干脆避而远之（在他想找人发泄怒气时）。

这究竟是希特勒有意为之，还是他真就极度缺乏领导能力？历史学家有些争论。迪特里希本人认为这是个狡猾的策略，是故意制造分裂和混乱——不可否认，希特勒极其擅长这个。但是，看看他的个人习惯你又难免会有这样一种感觉：让一个怕干活的自恋狂来管理国家，结果自然就是那样。

希特勒简直懒上天了。据他的助手弗里茨·维德曼说，即使身在柏林，他也不会在上午 11 点之前起床，而且午餐前基本上啥都不干，除了看看报上都说了他什么，而这些剪报也都是尽职尽责的迪特里希给他准备好的。但是即便如此，他还不乐意待在柏林，因为总有人想让他干活：他会抓住任何机会离开政府所在地，前往他在上萨尔茨堡的私人乡间疗养院。在那里他就更不怎么工作了，下午 2 点之前都不会离开房间，然后大部分时间都在散步，或者看电影看到后半夜。

他沉迷于媒体和名望，似乎经常透过那些镜头看自己。他曾经形容自己是“欧洲最伟大的演员”，并写信给一位朋友说：“我相信我的人生是世界史上最伟大的长篇小说。”他的很多个人习惯都让人觉得奇怪甚至孩子气——白天要规律地午睡；在餐桌上咬指甲；酷爱甜食，因此吃掉了“数量惊人的蛋糕”，而且“喝茶要加很多块方糖，弄得杯子里几乎没地方可以放茶”。

他对自己缺乏知识深感不安，因此宁可忽略那些跟他的先入之见矛盾的信息，或者猛烈抨击他人的专业知识——据说，如果有人纠正他的错误，他会“像老虎一样暴怒咆哮”。“如果一个人听到不合心意的事实就勃然大怒，那谁还愿意告诉他真相呢？”维德曼哀叹道。希特勒讨厌被人嘲笑，却乐于拿别人当笑柄（他会嘲弄地模仿自己不喜欢的人）。但是，他又渴望那些遭他鄙视的人认可他；如果看到报纸上写了些赞美他的话，他立刻就会开心起来。

这些在当时基本上不是什么秘密。正因如此，在看清希特勒的真面目之前，很多人都没把他当回事儿，以为他不过是个“神经不太正常的流氓”，或是“说话带着啤酒味的傻瓜”。从某种意义上说，他们并没有错。但是从另一个更加重要的角度来说，他们大错特错。希特勒的个人缺点并未妨碍他拥有不可思议的政治辞令本能，这足以帮他赢得大众的支持；而且事实证明，要想搞出可怕的事情，你其实并不需要一个特别能干或者正常运转的政府。

我们往往会想当然地以为，当可怕的事情发生时，背后一定有某个高智商的人在操控。我们心想，如果不是有个邪恶的天才在背后操纵，事情怎么可能错得如此离谱？这是可以理解的，但其不利之处在于，我们倾向于假定如果不能立即找出一个邪恶的天才，那就全都可以放松警惕了，因为一切都会好起来。

但历史表明这是个错误，而且是我们一犯再犯的错误。有很多最严重的人为事件都不是邪恶天才的杰作。相反，它们出自一个个白痴和疯子之手，这些家伙在事件中的所作所为没什么逻辑可言，而那些自以为有能力控制他们的人，其实一直在帮他们推波助澜。

六项以失败告终的政府政策

人头税

英国玛格丽特·撒切尔政府中的那些聪明人，想出了这个他们认为更公平的税种：无论贫富，每个人都交同样多的税。这导致了普遍的抗税和大规模骚乱，最终撒切尔被迫引咎辞职。

禁酒令

在 1920 至 1933 年间，美国禁止饮酒的努力确实让喝酒的人减少了，但是也导致有组织犯罪垄断酒业，使得很多地方犯罪率飙升。

眼镜蛇效应

为了减少德里的眼镜蛇数量，英国政府决定按上交死蛇的数量发赏金。于是人们就开始饲养眼镜蛇，弄死后拿去领赏。英国人一看这是白扔钱啊，于是放弃悬赏计划，而原来养蛇的人也跟着把不值钱的蛇放了，结果德里的眼镜蛇比原来更多了。

《斯穆特－霍利关税法》

1930 年，随着大萧条的影响逐渐加深，美国开始对进口商品加征高额关税，试图借此支撑国内的产业。结果，由此引发的贸易战反而加剧了全球经济的萧条。

杜普莱西斯孤儿

在 1940 年代和 1950 年代的加拿大魁北克，政府向教会发放补贴来救助孤儿和精神病患者。但是，发给精神病患者的补贴比发给孤儿的高一倍，于是成千上万的孤儿都被“误诊”为了精神病。

尾号限行

在 1989 年，墨西哥城试图通过尾号限行来减少空气污染。可惜的是，被限行的车主并没有去坐公交车，而是买更多的私家车，上不同尾号的车牌，这样他们就总有一辆车可以合法地开出去。

第六章
战争，又名大型犯蠢现场

人类非常热衷于战争。在很多方面,战争是我们的“强项”。关于有组织的群体暴力，最古老的考古学证据可以追溯到大约14000年前尼罗河流域的杰贝尔·萨哈巴地区，尽管老实说，我们或许很久以前就会打群架了。与此同时，正如前面提到的，来自墨西哥瓦哈卡的证据表明，基本上刚一开始形成村落，一个村庄就会试图袭击另一个，由此矛盾和冲突就会迅速升级。

据估计,90%至95%的已知社会都发生过相当频繁的战争,只有少数社会幸免，这些社会往往相对隔绝，保持着游牧、觅食或狩猎采集的生活方式。

不过，历史上有一个显著的例外，那就是5000年前印度河流域存在的哈拉帕文明，它横跨现今阿富汗、巴基斯坦和印度的部分地区。哈拉帕文明与美索不达米亚和埃及文明差不多同时崛起，是个拥有数百万人口的先进社会。它的主要城市体现了复杂的城市规划，拥有管道系统、厕所和公共浴室等令人引以为豪的设施；由此发源的文化孕育了创新的技术和艺术，并被广泛传播。而且，它似乎基本上没有经历过战争。完全没有。一个世纪以来，考古学家一直在发掘哈拉帕的城市遗址，但他们几乎没有发现任何证据表明定居点遭到过袭击或毁坏；遗存的艺术品中没有对战事的描述，也没有任何遗迹暗示那里存在过军队或大量军事武器，只有一些显著的防御工事。（有趣的是，与同一时期其他可比较的文明不同，他们在那里也没发现多少纪念伟大领袖的遗迹）

这偶尔会让人以为哈拉帕人是某种理想化的原始嬉皮士；想法不错，但这有可能更像是一厢情愿，而不是真实情形。他们确实像一个邻里和睦的社会，但他们也有不容易遭受入侵者攻击的地理优势，这无疑会使他们更容易免于战争。当然也有可能只是我们尚未发现战争的证据；即便如此，这也不会是第一次，因为以前发现的文明中就有先例：我们的第一印象是这个文明爱好和平，不料后来的发现却彻底摧毁了这样的名声。哈拉帕的书写系统尚未被破译，因此或许有一天当我们完成破译时，却发现有句话的意思是："哈哈哈，我们把打仗用的东西全都藏起来，让那些考古学家彻底发懵。"

尽管如此，目前看来同时期的其他文明真的很喜欢大打出手、到处征服，而哈拉帕文明拥有长达 700 年的鼎盛时期，并且其间没有遭受任何严重的外来冲突。然后，由于尚不确定的原因，哈拉帕文明就像是……淡出了历史。人们开始迁出城市返回乡下。在公元前2200年左右，气候变化导致其他几个早期文明衰落，可能也使得印度河流域变得越来越干旱和贫瘠；人口过剩和过度耕种可能导致了粮食短缺；跟所有密集的城市人群一样，他们也更容易受到传染病的侵袭。不管什么原因，到了距今3500年前，这些城市几乎彻底被废弃，人类历史上这个没有战争的小光点转瞬即逝。与此同时，世界的其他文明继续发展，继续在战争中厮杀。

（一个令人不安的可能性是，哈拉帕人的致命错误正是没有发起战争，而文明其实就需要通过战争来维持。就把这点作为你今天的心灵鸡汤吧。）

此时此刻，我们有幸活在一个相对和平的历史时期，尽管如此，你可能已经注意到，我们其实一点儿都不缺战争。最近几十年里，世界各地每年因战争造成的死亡人数一直呈下降趋势，因此一些作者认为，这表明我们事实上进入了和平、理性和国际友谊的新时代。然而说实话，这可能有点儿言之过早，毕竟这个下降斜坡的起点是二战隆起的最高峰。人类可能只是想歇口气，以利再战。

在一本探讨失败的书里，我希望不用我说大家就能明白，就某些人而言，所有战争在某种程度上都是极大的失败。但是除了战争本身非常糟糕之外，随之而来的混乱、狭隘以及男子气概之类的废话，实际上也会强化人类在很多其他方面惨烈失败的天赋才能。战争是集体血冲顶门；换句话说，战争就是搞砸一切的枢纽。

这一点在赫赫有名的加的斯湾之战中最为明显——事实上，称之为“加的斯狂饮”可能更准确。1625 年，英国人决心把西班牙人彻底干翻。国王詹姆斯六世及一世（以统一英国、下令编译钦定版《圣经》和迫害女巫而著名）刚刚去世，巨婴儿子查理一世继位。但查理展现出的那点儿城府和判断力，终究害得他掉了脑袋。因为西班牙不肯把本国公主嫁给他，所以他一直怀恨在心，伺机报复。于是，他和几个好哥们儿决定用老办法，像海盗一样发起袭击，把西班牙佬从美洲运回的所有金银劫掠一空。

那一年 11 月，英国与荷兰联合远征军集合了 100 艘舰船和 15000 人的军队，开进西班牙西南部的加的斯湾。他们在那里大肆抢掠，没有遇到任何抵抗。当然了，那里就他们一支军队，因为极其缺乏组织，他们在路上耽搁得太久，等他们赶到那里时，从美洲返回的西班牙舰队及其运送的财宝早就过去了。但是不管怎么说，报仇雪恨的时候到了。

不幸的是，甚至在到达加的斯之前，他们就发现带的食物和水显然不够。所以当这些入侵者登陆时，远征军司令爱德华·塞西尔爵士决定让饥饿的部队优先寻找食物——不管当时在进行什么战斗。很自然地，他的部队立刻继承了英国人在海外的优良传统：他们直扑加的斯各个存酒的地方，然后喝得烂醉如泥。

当塞西尔意识到整个军队都喝醉了时，他做出了合情合理的决定：彻底放弃报仇计划，命令所有士兵撤回船上，羞愧地溜回英国。大多数人最终回到了家中，但有大约1000名士兵醉得太厉害，没能撤回船上。这些落下的士兵在加的斯到处闲逛，最后西班牙的军队来了，把他们全都抓起来处决了。

英格兰入侵加的斯的行动就这样失败了。

英国人的这一壮举经常出现在“史上最伟大的军事失利”排行榜上——但是说实话，如果把1000多个士兵被敌人处决这个小细节忽略掉，整个行动听起来还真的相当伟大。到了地方，吃不大饱，个个喝得酩酊大醉，一路上还丢了几个同伴：这是典型的假期场景。要是我们不发动战争，只是时不时派一大群人去喝光对方的酒，在他们的城镇里无所事事地闲逛，这个世界很可能就快乐多了。写完这句我才突然想到，欧盟本质上就是这样一个地方。

你会十分惊讶地发现，酒精在很多最愚蠢的时刻起到了主导作用，让战场充满了喜感，比如在1788年，卡兰塞贝什（现今罗马尼亚境内）就发生了一场这样的“伪战斗”。让人印象深刻的是，尽管敌人根本就没出现，奥地利军队还是想办法让自己在战斗中遭受了惨重损失。事实上，直到过了一会儿，当他们的敌人（奥斯曼帝国的军队）倒霉地撞上战斗的余波时，人家才知道这场战斗已经发生。

到底发生了什么？呃，有点儿说不清楚。比较明确的是，当时奥地利军队正在撤退，夜里穿过卡兰塞贝什镇，并且一直警惕着追击的土耳其人。从这里开始，故事就有了不同版本。其中一个版本说，有支当地部队是从瓦拉几亚的罗马尼亚地区过来的，他们开始散播谣言，说土耳其人已经追上来，目的是制造混乱，然后趁机洗劫辎重队。另一个版本说，一队骑兵军官碰到一个瓦拉几亚农民，他赶的马车上装满了白兰地，于是军官说他们一整天跑路这么辛苦，理应喝点儿酒休息一下。过了一会儿，一群步兵出现，语气很冲地质问骑兵，是不是应该分出一些白兰地给步兵兄弟喝，然后……大家就吵了起来。

在每个版本的故事里，都是一支部队言之凿凿地指责另一支部队是罪魁祸首。不管起因是什么，大多数的消息来源似乎都一致认为，在有人朝天开了一枪之后，局面就变得一发不可收拾。紧接着，有人开始高喊："土耳其人，土耳其人！"骑兵很可能已经喝醉，听到枪声和喊叫之后以为情况紧急，所以很自然地，他们也开始骑着马到处跑，边跑边叫喊："土耳其人，土耳其人！"到这时，每个人都吓尿了，都在拼命逃离想象出来的土耳其军队。由于处在黑暗和混乱当中，再加上很可能还喝醉了，有两支部队在相遇后都误以为对方是可怕的敌军，于是就开始疯狂对射。

等大家终于明白其实根本没有土耳其人攻击他们时，相当多的奥地利士兵已经跑没影儿了，辎重车和大炮翻倒在地，大量物资已经丢失或损毁。当土耳其军队第二天终于出现时，他们发现了很多死亡的奥地利士兵以及散乱的营地。

不同消息来源估计的伤亡数字相差非常大。一个来源只是简单地说“很多人”伤亡；另一个来源说有 1200 人受伤；而在后来的一封信件中，奥地利的领导者约瑟夫二世轻描淡写地说，他们“不仅损失了所有锅碗瓢盆和帐篷，还有三门火炮”。关于这场“战斗”，有些故事中提到的死亡人数高达 10000 人，但这几乎可以肯定是一些家伙为了耸人听闻而捏造的。总之，那里出事儿了，有些人可能死了，也可能没死，总之大家都认为整件事极其愚蠢。

我认为这就是所谓的“战争迷雾”。

另一个成功打败自己的生动实例，来自美国内战期间的彼得斯堡围城战，当时北方军以极富创造性的方式把战术胜利变成了丢脸的挫败。他们已经把南方军困在要塞里，然后花了一个月时间准备发起致命一击：他们在南方军要塞的正下方挖了条 150 多米长的地道，并且填入多得吓人的炸药，引爆之后就可以把城墙炸出巨大的缺口。

1864 年 7 月 30 日凌晨，当他们把城墙炸开时，爆炸的规模似乎让每个人都大吃一惊。数百名南方军士兵被炸死，形成的巨大弹坑长 50 多米，深达 9 米。在目瞪口呆、头晕目眩地盯着这个大坑看了约 10 分钟后，北方军发起了进攻——然而不幸的是，攻进去的士兵，并不是之前针对这个破城冲锋计划训练了好几天的那批，因为受过训练的士兵都是黑人，但在行动开始前的最后一刻，北方军的指挥官命令部下把他们全都换成了白人士兵。为什么要换呢？因为他担心用黑人士兵冲锋有损颜面。于是，那些白人士兵冲向了南方军的阵地——直接冲进了大弹坑。

有可能他们以为弹坑能提供很好的掩护，但实际上并非如此。当南方军士兵从爆炸中醒过神来后，他们重新组织起来，然后就发现他们围在一个大坑的四周，坑里挤满了爬不出来的敌人。北方军一直在增援，但是不知出于什么原因，援军也决定跟着之前的战友冲进弹坑。后来，南方军的指挥官把这场屠杀形容为轻松得像在“射火鸡”。

在军事战术方面，我们可以从中吸取的关键教训是：千万别冲进大坑里。

对任何崭露头角的军事家而言，另一个至关重要的教训是：战时通信生死攸关。这正是太平洋的关岛在 1898 年美西战争期间学到的教训：当时在西班牙的殖民统治者，完全忘了告诉他们战争已经爆发。

由于这一疏忽，当一支规模很小的美国舰队向估计毫无防备的关岛驶来，对着古老的圣克鲁斯要塞轰了 13 炮时，关岛的达官显贵居然坐着船驶向美军的战舰，感谢美国人如此盛大的礼炮致意，并且道歉说他们得过一会儿才能还礼，因为他们得先把大炮从岛的另一端运过来。

尴尬了好一会儿，美国人解释说他们开炮不是致以问候，而是想开战，因为美国和西班牙之间爆发了战争。发现自己在转瞬之间成了战俘，这让岛上的权贵有点儿恼火。他们解释说，在过去两个多月里，他们没有收到来自西班牙的任何消息，对美西两国开战这事儿一无所知。他们找了个地方商量接下来该怎么办，而当地一个商人却留下来继续跟美国人闲聊，因为他跟舰长居然是老朋友。

几天后关岛正式投降，打那儿以后就成了美国领土。

作为一个物种，我们似乎很难做到“不重蹈覆辙”。但是，也没有多少实例能比这一个更刺眼：在 1941 年，希特勒几乎原样儿复制了拿破仑在 129 年前犯下的致命错误，并且同样因此葬送了先前颇为成功地征服整个欧洲的计划。这个错误当然就是入侵俄罗斯。

在历史上，只有蒙古人真正成功地大规模入侵了俄罗斯——或者更确切地说，是入侵了基辅罗斯，因为那时俄罗斯还不存在——这点使得蒙古人显得相当独特（我们将在后面几章谈论这一点）。波兰人曾短暂地管理过俄罗斯，甚至有那么几年还控制了莫斯科，但最终还是被赶了出去；瑞典也试过一次，但战败的后果极其惨烈，直接导致瑞典帝国的终结。基本上，我们从中得到的教训就是：别去入侵俄罗斯，千万别这么干。

在这两位领导者中，拿破仑推行这一入侵计划的理由略好于希特勒。首先来说，他可没有自己的失败作为前车之鉴。其次，他也有充分理由自信可以取得胜利，毕竟他的大军所向披靡，连胜纪录堪比哈林环球旅行者。另外，他还对沙皇亚历山大有些不满，因为他觉得俄罗斯在暗中破坏他对英国的经济封锁，而英国恰恰是他征服整个欧洲的另一个主要障碍。当然，在贸易禁运问题上存在争执，算不上两个大国兵戎相见的充分理由。如果说拿破仑犯了一个关键性错误，那就在于他几乎从始至终都是通过“发动战争”来达到目的。外交和谈判真不是他的强项。

尽管打算侵略某国的决定实际上是预先做出的，但拿破仑肯定觉得打俄国比打英国更安全，因为打俄国至少是陆路进攻。他知道俄国的气候实际上只留给他三个月的入侵时间，所以他想出了一个战略：直扑莫斯科，迫使俄国人与他决战，而由于他的军队比俄国贵族差遣的雇佣军更英勇善战，所以他将赢得胜利。

不幸的是，这个计划也只是听起来很美，要想实现，必须指望对手完全按照你的预想行动。然而事实上呢，俄国人几乎是任由他们长驱直入。俄军不停撤退，尽最大可能避免正面交锋，同时实行焦土政策，让敌军无法取得补给，然后就等着冬天到来替他们收拾敌军。当拿破仑意识到俄军的玩法时，想在严寒袭来之前撤离已经太迟，极度疲惫的法军被迫踏上了饥寒交迫的漫漫死亡之旅。以前其他欧洲国家只能看到法国的强大，现在他们突然看到了虚弱，而这正是拿破仑走向灭亡的开始。

在 1941 年，希特勒身处同样的处境：他也发现作为岛屿的英国很难入侵，因此他决定选择另一个目标，抓住短短的夏季入侵苏联。没错儿，当时他的确跟苏联人签订了互不侵犯条约，但是话说回来，他是纳粹而他们是共产党，所以他仇恨他们有什么不对？

实际上希特勒研究过拿破仑的战略，但他以为自己的计划更聪明，可以避免同样的错误。他没有集中全部兵力直扑莫斯科，而是兵分三路进攻列宁格勒（今天的圣彼得堡）、基辅以及莫斯科。与拿破仑不同，他不会冬天将至就撤退，他要坚持战斗。这两个选择都是灾难性的。他没有注意到，尽管他的战术可能跟拿破仑的不同，但基本的作战计划没区别：都要果断快速地发动攻击，都想轻松赢下大战役，都假定这一切会让对手迅速崩溃。这两个计划的漏洞也没啥区别：都指望对手会照着你写的剧本演，都没想过万一对手强行加戏怎么办，都没有备用计划，都彻底忽视了俄罗斯的冬天是怎样的存在。

德国最高统帅部本来有很多人可以向希特勒指出这些缺点，然而一旦给他捕捉到一丝丝的异议或怀疑，他就会彻底瞒着他们，或者用赤裸裸的谎话敷衍。这是个以狂妄、一厢情愿和自欺欺人为基础的决策过程。

这个战略的漏洞与拿破仑的战略相同，其结果也大致相同，只是这一次更为致命。德军攻占了大片领土，赢下了一些战役，但是苏联人并没有按剧本的要求崩溃。他们利用坚壁清野的策略让德军陷入困境，而等到冬天来临时，德军就悲剧地发现原来自己缺衣少食，坦克也没有防冻剂。希特勒的命令是顶着严寒继续作战，而不是撤退，但这并没有带来任何进一步的成功，只是让更多的己方士兵丢了性命。就这样，又一支在欧洲大陆很多地区所向披靡的军队，因为自找麻烦入侵俄罗斯而遭到惨败，实力大大削弱，战争的趋势也随之逆转。

似乎是嫌盟友还不够愚蠢，差不多在同一时间，日本也正忙着对珍珠港发起处心积虑的完美偷袭，毫无必要地将一个一直想置身事外的超级大国拖入战争。如果没有这两个糟糕至极的选择，轴心国或许就赢了。这证明，有时人类糟得让人想哭的决策能力，反倒可以产生长远来看最为有利的结果（当然前提是你并非希特勒的狂热崇拜者）。

随着美军和日军在太平洋上展开激战，我们就有机会证明战争迷雾既可以是真正字面意义上的迷雾，也可以是比喻的说法。当年基斯卡岛上就发生了这种情况。这个小岛是阿拉斯加极为偏远的一部分，位于北太平洋，差不多就在日本到阿拉斯加的中途，虽然贫瘠却具有重要的战略意义。在 1942 年，二战的高潮时期，它成了美国被日本夺取的两个岛屿之一。这让美国人又惊又怒，因为自 1812 年他们打败英国人以来，这还是第一次领土被别人侵占，尽管这块领土非常狭小而且偏远。

1943 年夏天，美国和加拿大联军共 34000 人准备夺回基斯卡岛。此前，他们刚刚经历了激烈残酷的血战，从誓死不投降的日军手中收复阿图岛，现在伤还没好，余悸未消。作战行动指挥官确信，重夺基斯卡岛的战役也将是一场恶战。当联军在8月15日登陆时，他们发现基斯卡岛笼罩在冰冷的浓雾之中。在严寒肆虐、风雨交加、能见度为零的恶劣天气下，他们摸索着一步步地穿过到处是石头的山地，小心避开地雷和陷阱，而看不见的敌人不断发射炮火，爆炸的光芒照亮了他们周围的浓雾。在24小时里，他们一直躲避着狙击手的射击，痛苦地沿着山坡向岛中心缓慢攀登，一路上不断听到低沉的爆炸声和断断续续的交火声，还有各种含糊不清的叫喊，有的是在传达命令，有的则在误报日军就在附近。

一直到第二天，他们清点了伤亡人数，发现只有28人死亡，50人受伤，这时他们才意识到真相：岛上根本没有日军。

实际上，日军早在大约三周前就已经弃岛逃跑。之前那些交火，其实是美加两军在互相射击。

这或许可以作为一个虽不幸但情有可原的错误，只是有一点除外：实际上，在开始登陆的两三周之前，联军的空中侦查小组就告诉作战指挥官，他们已经看不到岛上有任何日军活动的迹象，因此认为日军可能已经撤离。但是，经历阿图岛战役之后，这些指挥官已经坚信日军决不会撤退，因此没有理会侦查报告。这是一例失控的证实偏见。他们如此肯定，甚至拒绝了再执行几次空中侦查以便确认的提议。在这里，我们可能应该吸取的教训是：别假设。

到了 1945 年 4 月，距离战争结束仅剩两周，在远离苏格兰东北海岸的水域，首次执行任务的德国潜艇 U-1206 已巡逻了九天。这是当时最先进的潜艇，航速快，造型优美，采用了很多高科技技术，而且至关重要的是，它有一个奇特的新型厕所，能将排泄物射出到海水中，而不是储存在粪便箱内。

这个厕所唯一的缺点是用起来极其复杂，完成如厕需要的步骤如此之多，以至于在 4 月 14 日，从马桶上起身的艇长不得不给工程师打电话，因为他整不明白怎样冲厕所——当你想要保持权威的姿态时，你肯定不希望发生这种事。不幸的是，那个工程师在冲厕所方面懂的也不比艇长多。在试图操作一系列装置时，他不知怎么转动了一个错误的阀门，导致舱内迅速灌入大量海水和人类排泄物。

“让我们在马桶上安个阀门吧，虽然它看起来像极了冲水装置，但实际上它的作用是让海水灌进我们霸气的纳粹潜艇。”——我不知道这是谁做的决定，不过照我推测，他们应该跟那个给“死星”[1]设计排气口的家伙师出同门。

舱内被臭烘烘的粪便及海水淹没就已经够糟糕了，但当污水渗漏到下层正对厕所的潜艇电池中时，情况就变得更加危急。这导致电池开始喷出大量致命的氯气，因此艇长施利特无可奈

[1] “死星”是电影《星球大战》中的一个战斗空间站，具备一门足以摧毁整个行星的超级激光炮。但这一空间站有一个细小的排气口暴露在外，敌军发现后对准排气口发起进攻，引发连锁反应，最终摧毁了整个空间站。

何，只能下令潜艇紧急上浮。他们刚一浮出水面，就立即遭到英国皇家空军的攻击。无奈之下，他们只好弃艇逃命，并且凿沉了潜艇。倒霉的 U-1206 就这样成了二战期间唯一一艘被考虑不周的马桶“击沉”的舰艇。

此处我们应该吸取的宝贵教训是：在心理压力很大的环境下，用户界面的设计至关重要。另外，不同的关键设施必须物理隔离。但是说老实话，我之所以要讲这个故事，完全是因为它真的好笑。

谋而后动，显然对军事胜利至关重要。但是有的时候，计划过于诡诈和迂回反倒不利。如果你跟水平远远高于你的人下过棋，那你可能就很熟悉这个过程：你花了很多时间，试图引诱对手走进一个非常高明的陷阱，结果却发现对手料到了你的每一步，而你实际上已经打败了自己。这基本上就是法国将军亨利·纳瓦尔在越南的遭遇，只不过他指挥的是士兵而不是棋子。像前辈拿破仑一样，他也整出了一个完美的计划，但完美的前提也是对手要完全如他所愿地行动。

那是 1953 年，越盟领导的部队在武装反抗法属印度支那的殖民统治，而且战果卓著。法国将军纳瓦尔的目标是把越盟的军队打得满地找牙，从而让对手在即将到来的和平谈判中没有筹码。所以他决定给他们设一个极其高明的陷阱。他在一个很偏远的地方建了个新的法军基地，威胁越盟的补给线，试图诱使他们出来正面对决。基地建在奠边府，周围环绕着密林覆盖的群山，这就给了越南人隐蔽和居高临下的优势。另外，法国援军离这个基地还很远。因此对越盟来说，这个目标实在太有诱惑力了。但是，假如他们真的禁不住诱惑来攻打基地，那么法军在技术上的显著优势将轻而易举地击败他们：法军拥有绝对的空中优势，可以空投补给；他们还拥有火力优势，而越盟无法穿过丛林把重炮运过来。绝对完美！纳瓦尔下令建好了基地，然后坐等越盟上钩。

等啊等，这一等就等了好几个月，啥都没发生。根本没人攻击。越盟的人在搞什么？

原来，他们一直在穿过丛林搬运重炮。越盟的部队与当地老百姓齐心合力，花了几个月的时间先把重武器拆解，然后穿过密林，翻山越岭，一块块地运到奠边府，然后再重新组装起来。搞定之后，他们就只需要等雨季到来，一旦法军被困在泥泞中，飞机也看不清空投补给的位置，他们就发动攻击。纳瓦尔的部队一直在期盼端着过时步枪的农民发起自杀式的徒步冲锋，结果却等来了原本不该存在的先进火炮的持续轰炸。

法军在被围困两个月后终于被攻陷。这次战败不但非常惨重，而且极为尴尬，以至于法国的殖民政府垮台，越盟则为后来北越的独立奠定了坚实基础。之后的故事就是大家熟知的了：越南分裂为两个国家，仍然留在南越的越盟余部变成越共，并迅速掀起反对南部政府的暴动。由于冷战反共的破事儿，美国决定插手支持其在南部的盟友，然而结果证明，面对基本上相同的敌人，山姆大叔的表现也没比法国人强多少。随之发生的越战持续了近 20 年，导致 150 万到 300 万人死亡。在某种程度上说，所有这些事都是因为亨利·纳瓦尔想出了那个非常高明的诱敌之计。

但是在军事失利的编年史中，还有一条战线是企图让冷战升温，它给我们提供了最难以磨灭的战例：一个小群体的认知偏见致使一个超级大国被不起眼的小国所羞辱。

“猪”湾入侵

美国曾试图经猪湾入侵古巴，该行动的彻底失败不仅仅是群体迷思的典型实例——实际上，它恰恰就是“群体迷思”一词的出处。这个词最早由心理学家欧文·贾尼斯提出，在很大程度上就是基于他对肯尼迪政府怎么把事情弄得如此糟糕所做的研究。

长期以来，为了颠覆自家门口这个小小岛国的政府，美国已经遭受一长串令人捧腹的失败，猪湾行动几乎肯定是其中最丢脸的一次，尽管公平地说，它可能不是最奇葩的一次。要说最奇葩的，恐怕当属这一次：中情局企图利用设了机关的贝壳来刺杀潜水的菲德尔·卡斯特罗，为此收购了大量贝类。

接着说猪湾行动。计划大致上是这样的：美国将训练一批反卡斯特罗的古巴流亡者，由他们发起入侵，美国则提供空中支援。一旦看到他们一开始就轻易打败了散漫的古巴军队，古巴民众就会把他们当作解放者来欢迎，并且起来反抗。很简单，毕竟中情局已经在危地马拉搞过一次了。

当约翰·F.肯尼迪击败理查德·尼克松成为总统时，事情就开始出岔子了。该计划的制定是基于这样一个假设：作为前副总统和该计划的支持者，尼克松将成为椭圆办公室的新主人。

肯尼迪对这个计划显然就没那么热心，这也不无道理，因为他担心那会导致美苏开战，所以他坚持要对计划做些修改：美国对这项行动的支持必须完全保密（因此就没有空中支援了），登陆点必须改到荒无人烟的地方（一定程度上破坏了“引发广泛平民暴动”的要素）。

到这时，形势应该已经很清楚了，这次先前相当乐观的行动就该立刻取消，因为它已经没有丝毫意义。然而，每个人都在继续落实它，就好像什么变化都没有发生。没有人提出问题，没有人质疑那些假定。历史学家阿瑟·施莱辛格曾任肯尼迪政府的顾问，他当时是反对这些计划的，但是后来他说，讨论该计划的会议在“假定一致同意的诡异气氛”中举行，尽管他认为这个计划很愚蠢，可到了会上他也不由自主地保持沉默。“我只是胆怯地问了几个问题，尽管我本应更勇敢一些。对此我只能这样解释：你有想要揭穿这些胡说八道的冲动，但就是会被讨论的气氛消解于无形。”凭良心说，我们都参加过这样的会议。

在1961年4月，当这次攻击行动真正开始时，基本上所有可能出错的地方都出错了。因为没有美国空军去除掉卡斯特罗的空军，所以这个任务就交给了古巴流亡者。他们要驾驶轰炸机从尼加拉瓜出发，伪装成古巴飞机去执行轰炸。另外，他们还让其中一架大张旗鼓地降落在迈阿密，然后飞行员向全世界宣布他是古巴军方的叛逃者，现在决定亲自去轰炸古巴的空军基地。等人们注意到他的飞机并不是当时古巴空军装备的机型时，这个狡猾的诡计立马就被揭穿了。

先头登陆部队本应在黑暗的掩护下秘密抵达，但很快就被当地的一些渔民发现。渔民可没有把他们当解放者欢迎，而是拉响警报，然后又拿步枪朝他们开火。“我们想，这是入侵啊！伙计们，小心点！他们试图入侵！”在这次入侵50周年之际，其中的一个渔民格雷戈里奥·莫雷拉向英国广播公司（BBC）回忆道。入侵者很快就发现，本应被他们用作立足点的这片海滩竟然很难脱身，而当大批古巴军队迅速赶到并朝他们猛烈射击时（事实证明，古巴的军队相当高效，一点儿都不散漫），想逃离就更难了。哎呀，怎么还有古巴空军的飞机也来凑热闹？看起来，那些难以让人相信的伪装轰炸机，也没能彻底摧毁古巴空军的战机。

到了这一步，被困在海滩的部队可能真的需要一些空中支援，然而由于“叛逃古巴飞行员”的骗局被公众识破，此时肯尼迪极其焦躁，断然拒绝了派美国空军去支援的请求。因此，他们被围困了好几天，即将弹尽粮绝，抵抗变得越来越绝望。

在入侵未遂3天之后，如果没有强大的军事介入，他们显然绝无脱身的可能，所以最终肯尼迪的态度来了个180度大转弯，批准空中支援。但是到了这时，那些古巴飞行员感觉被出卖了，因此拒绝驾机参战。于是美国只好抛弃所有“置身事外”的虚伪，征召亚拉巴马州国民警卫队的成员驾驶伪装的轰炸机前往，并由一队毫无伪装的美军战斗机提供支援。这可能会给海滩上的登陆部队一线生机，只可惜辉煌的无能再显神威，他们居然忘记了轰炸机所在的尼加拉瓜与战斗机所在的迈阿密有时差，因此这两个机群没能汇合，最后有多架轰炸机被古巴击落。

到整个事件结束时，美国成了全球的笑柄，菲德尔·卡斯特罗的政权变得更加稳固，入侵部队有1000多人被俘，几年之后，美国被迫支付5000多万美元的赎金才让他们获释。

从积极方面来说，肯尼迪从这些决策失误中吸取了教训，头脑也因此变得更冷静，并在次年的古巴导弹危机期间占了上风，从而有可能拯救了这个世界上的每一个人。值得庆幸的是，因为此事影响非常深远，所以美国再也没有让自身陷入类似的境地：领导者不会再被群体迷思所左右，在没有准确情报、清晰计划或者抽身策略的情况下，他们不会再盲目做出考虑不周的入侵决定。

哈哈，你信吗？

史上最无谓的六场战争

水桶之战

1325 年，在意大利的两个城邦摩德纳与博洛尼亚之间爆发了这场战争，起因是几个摩德纳士兵从博洛尼亚城内的水井旁偷走了一只水桶。据估计，约有 2000 人因此丧生。摩德纳打赢之后，立刻又偷了一只水桶。

英桑战争

历史上耗时最短的战争，不到三刻钟。在当时还是英属殖民地的桑给巴尔，一个不被英国人认可的苏丹宣布夺取王位，并在王宫周围设置路障。英军来了之后就开始射击，过了 38 分钟，那个苏丹逃走了，战争结束。

足球战争

在 1969 年，萨尔瓦多与洪都拉斯之间酝酿已久的紧张局势演变成了真正的战争，导火索主要是两国间一系列世界杯资格赛所引发的暴力冲突。（资格赛是萨尔瓦多赢了，战争则是两败俱伤）

詹金斯的耳朵战争

这场战争发生在英国和西班牙之间，持续了十多年，造成数万人丧生，起因是在 1731 年，一些西班牙的私掠船船员割掉了一位英国船长的耳朵。等到结束时，它已经扩大成奥地利王位继承战争，欧洲主要国家几乎均被卷入。

夜壶叛乱

罗贝尔·柯索斯是英格兰国王征服者威廉的长子，他的两个兄弟搞恶作剧，把一只装满了屎尿的夜壶扣到他头上。事后，父亲威廉并未对那两兄弟施以足够的惩罚，罗贝尔因此公开叛乱，反对父亲。

金凳子之战

大英帝国与西非的阿散蒂人之间的一场战争，起因是当时的英国总督对阿散蒂人给他准备的“普通椅子”极为不满，傲慢地宣称自己该坐“金凳子”，但对于阿散蒂人来说，那是谁都不能坐的神圣王座。英国人打赢了战争，但总督从未坐上那张金凳子。

第七章
超级傻帽的殖民主义派对

人类总想探索，总想找到新的地平线，这种冲动是我们的一个本质特征。正因如此，在进化史上的眨眼之间，我们这个物种及近亲就一次次地扩散到了全世界。另外，也正是这种驱动力塑造了现代世界，也就是数千年来移民、贸易、殖民和战争留下的产物，愚蠢、混乱而且往往极不公平。

正是探索的冲动驱使克里斯托弗·哥伦布在 1492 年扬帆起航，驶入大西洋广阔空旷的蓝色水域，不料几个月后就白痴一样撞上了一堆礁石。

那一年，通常所谓的“地理大发现”即将开始，尽管只有当你不是生活在那些被发现的地方时，你才会认为它们是真正的发现。在蒙古帝国横贯欧亚大陆的大部分地区时，欧洲和亚洲之间的陆上贸易通道一直很顺畅（稍后会详述）。后来，由于黑死病以及奥斯曼帝国的崛起，这些陆上通道就受阻了。因此，怀揣新技术、新知识以及财富渴望的欧洲就把目光投向海洋。一开始，他们是为了与亚洲、非洲和新发现的美洲进行贸易，但是很快他们的使命就变成了占领和征服。

几乎人人都知道哥伦布是误打误撞发现了美洲（好吧，“发现”应该打引号）：他本来是在寻找一条去印度不用绕行非洲南部海角的近路，结果走错了，跑到了加勒比海。但是，关于他的错误到底是什么，大家还有很多误解。

一个普遍的说法认为，他的想法实质上得到了证实，因为他相信当时被视为异端的“地圆说”，而老家那些轻信的傻瓜则认为，他注定会从扁平世界的边缘掉下去。很抱歉，但我还是得说，这些全是屁话。事实上，在当时的欧洲，几乎所有受过教育的人都十分清楚世界是个球体，甚至大多数未受过教育的人也知道，而且是老早就知道了。众所周知，早在哥伦布航海的200多年前，神学家托马斯·阿奎那就曾在著述中偶然提到，大家公认地球是圆的。考虑到时至今日也有一小撮顽固分子仍然怀疑“地圆说”，所以15世纪那会儿“地平说”的流行程度可能跟现在差不多。在2019年，一群“地平说”的死忠粉打算为“地平说社区”组织一次巡游，这将是一个激动人心的好机会，能让他们检验所支持的理论。干得漂亮，各位！就冲这个我也得恭喜你们。

因此，当时大家的分歧并不在于地球是不是圆的。对于哥伦布的冒险，很多人的怀疑完全是另有原因。真正的问题在于，哥伦布把测量单位彻底搞乱了，所以他得到的计算结果全是错的。

他的整个计划都基于他本人对两件事情的计算：地球有多大，亚洲有多大。不幸的是，他对这两点的计算都错得离谱。首先，根据他的计算，亚洲要比实际上长得多（尽管亚洲的确很长），这样一来，在顺风情况下，他最终会在距日本实际位置以东几千英里的地方“找到”日本。但更糟糕的是，他对地球周长的计算是基于9世纪波斯天文学家艾哈迈德·伊本·穆罕默德·伊本·卡西尔·法尔加尼的研究成果。这可不是个好的开始，因为早在1700年前，生于昔兰尼的古希腊数学家埃拉托斯特尼就已经相当准确地测算出地球的周长，而且之后也一直有更加准确的估算。但是尽管如此，这仍然不是哥伦布最大的错误。

他最大的错误在于，他以为法尔加尼说的“里”显然就是一里约合4850英尺的罗马里。然而实际上，法尔加尼说的“里”是阿拉伯里，一里约合6500到7000英尺。因此，当法尔加尼提到某个距离时，其实际距离要远远大于哥伦布以为的距离。

电影《摇滚万岁》的影迷会非常熟悉哥伦布的错误。他把两个完全不同的测量单位搞混了，于是得出了一个小得可笑的地球模型。在哥伦布的概念里，地球的大小仅为实际大小的四分之三。再加上他把日本的位置东移了几千英里，最后的结果就是，他以为只须为一个短得多的航程准备补给，然而实际上那个航程要长得多。当时有很多人跟他说“我认为你把地球的大小搞错了”之类的话，但他仍然坚信自己的计算没问题。因此总的来说，他能误打误撞地闯进加勒比海地区实属幸运。(那时还没有谁认真地想过，在被误以为是亚洲所在的那个位置，其实可能存在另一个大陆)

还有一点或许值得多说两句：哥伦布想当然地以为法尔加尼说的里就是罗马里，这反映出他有相当牢固的“欧洲是世界中心”的思想！但是老实说，这根本不算什么，他在这种思想支配下干出的其他坏事儿远比这严重多了。

有些读者可能非常想知道，假如哥伦布的数学水平够好并且因此从未起航的话，那世界历史会有多大的不同。答案是可能不会有太大不同，除了现在说葡萄牙语的人或许会更多些。当时葡萄牙人是欧洲最好的水手和航海家（哥伦布的探险队仅由西班牙资助，因为葡萄牙人很清楚他数学没整明白，所以一开始就拒绝了他)，而且随后他们将登陆美洲的各个角落。1500 年，佩德罗 · 阿尔瓦雷斯 · 卡布拉尔到达巴西。一年后，科尔特－雷亚尔兄弟到达拉布拉多或纽芬兰，立刻就绑架了 57 名当地土著卖为奴隶，这基本上预示了后来将会发生什么。

事实上，如果他们当中有任何一个人——对，就是字面意思上的任何一个人——能抑制住天生的冲动，不去谋杀或绑架他们最先碰到的那批人，那么这真的会改写旧大陆与新大陆的关系史。在哥伦布之前的整整五个世纪里，维京人实际上是最早在美洲建立定居点的欧洲人，利夫·埃里克松从格陵兰的维京人聚居区出发，偶然发现了他们决定称之为文兰的地方（“葡萄酒之乡”，很可能是现今的纽芬兰）。跟贫瘠且极其无趣的格陵兰相比，文兰的森林和水果对维京人来说想必是福音，而且他们也确实在那里建立了一个维持多年的贸易殖民地。不幸的是，他们与当地人——很可能是图勒人或者维京人所说的斯克林斯人——的贸易前景，或多或少地被他们首次遭遇时发生的不快蒙上了阴影。

这是有记录的历史上欧洲人与美洲人的首次相遇，经过大概就是：维京人发现有十来个土著人在翻过来的独木舟下面睡觉，于是就谋杀了他们。

苍天啊！你们疯了吗？

不出所料，那之后当地人就没有多大热情跟维京人做贸易了，而且双方经常发生小规模冲突，其中包括一场战斗：可怕的维京人拿着刀剑，却险些败给“末端长着巨大瘤子的长杆”（瘤子很可能是充气的动物膀胱），“它飞过维京人的头顶，坠下时发出吓人的响声”。维京人非常害怕这个新奇的气球，要不是利夫的妹妹弗赖迪丝·埃里克斯多特反过来露胸吓到了斯克林斯人，他们恐怕就打输了。

由于这些接连不断的争斗，文兰定居点始终未能真正地建立起来。过了一二十年，格陵兰的维京人放弃了这里。更重要的是，格陵兰定居点本身也是“红毛”埃里克因杀人被流放至此才建立起来的，在之后的几百年里，随着余下的维京人陆续抛弃这里返回北欧，这里也就渐渐衰落并消亡了。

假如维京人在文兰的所作所为能稍有不同，少干些谋杀当地人的勾当，那么历史或许真的会有不同的走向。美洲和欧洲之间既定的贸易通道，以及随之发生的所有知识和技能的交流，可能会让这两个人群之间的接触变得更为和缓。这可能意味着双方在技术和军事上的差距就不会那么显著，欧洲人在 16 世纪的殖民活动也就不会变成一边倒。(这可能还会给美洲人更多的时间，让他们慢慢发展出对旧世界传染病的抵抗力，而不是一下子就遭到所有陌生传染病的袭击)

同样，假如 14 世纪马里帝国的统治者阿布巴卡里二世顺利返航了，那么历史可能也会有所不同。马里是当时世界上最强大、最富有的帝国之一，横跨西非的大部分地区。作为该国的君主，阿布巴卡里二世非常想知道大洋是否有尽头，对面是否也有“岸”。为了满足自己的好奇心，他在 1312 年放弃自己的王位、权力和财富，率领一支据推测由 2000 艘船组成的舰队，从现今的冈比亚起航，驶向大洋彼岸，此后再也没有人见过他们。一些马里历史学者认为，他实际上可能已经抵达巴西海岸，但是即便如此，他终究没有返回马里——说老实话，对于搞探险而言，能返航真是相当关键。

或许历史也根本不会有什么改变，我们注定就是这样。当你把镜头拉得足够远时，你会发现人类历史的很多篇章就是帝国兴衰、互相杀得屁滚尿流的故事。像农业、领袖和战争，所有这些反过来帮着开启了帝国时代的东西，它们之所以能胜出，未必是因为它们是对人类最有利的长期计划，而可能是因为曾经有某个大人物决定要这么做，然后对剩下的几乎每一个人来说，要么追随，要么被碾碎。这就像是在旧日美国西部的酒吧里打架，只不过当历史的钢琴再次奏响时，很多人已经站不起来了。

在 1492 年，哥伦布的“圣玛丽亚号”一不小心在伊斯帕尼奥拉岛附近搁浅，当时岛上已有几十万土著泰诺人。在西班牙人带来采矿、奴隶制和疾病之后，仅仅过了 20 多年，岛上的土著就只剩下 32000 人。哥伦布的数学确实很烂，但那绝对不是他所犯下的最恶劣的错误。

历史学家不必对过去做出道德判断。他们的目标是揭示、描述、结合背景来研究，是理解和解释很久以前的生活，是追溯权力和冲突交织而成的网络如何导致了世界现状。这些都不需要你去评价往事的好坏善恶。事实上，考虑到这一切复杂得让人头疼，想对过去说三道四真的很困难。

幸运的是，本书的任务恰恰就是要对过去说三道四，因此让我们赶快阐明立场：殖民主义很坏，非常、非常坏。

究竟有多坏呢？据估计，欧洲的殖民主义仅在 20 世纪就造成了大约 5000 万人死亡，堪比希特勒所犯的罪恶，而这还是在殖民帝国正在崩溃的时候。在美洲殖民地化之后的大约 100

年里，根据一个相当保守的估计，这个大陆有90%的人口死于疾病、暴力和强迫劳动——又一个几千万的数字。我们之所以给不出更具体的数字，唯一的原因是很难弄清楚以前有多少人住在那里；我们真是不知道我们失去了什么。

当然，尽管这个模糊的死亡人数已经很恐怖了，但是仅有这个数字还不足以反映那段历史的全貌。非洲奴隶贸易、集中营的发明、日本帝国的“慰安妇”制度、西班牙在美洲的监护征赋制度（西班牙国王把原住民作为劳动力赏赐给征服南美的西班牙人，就像创业公司给员工的人力资本股票期权）——这张恐怖清单看不到结尾，而且冷酷得让人无法忍受。你还可以给它加上很多条罪状：数不清的文化被抹去，历史记录被摧毁，巨大的财富被不合理地转移——这一条在如今仍然很明显，你可能正在享受着它带来的发展前景和安逸，当然这取决于你生在世界的哪个地方。

如我所说，殖民非常坏。本书的这一部分不是很好笑，抱歉了。

或许这一切本来都不用我说，但是目前我们正遭受相当猛烈的反攻倒算，有不少人声称“殖民主义其实很好”。简而言之，他们认为殖民主义给被殖民者及其后代带去了很多好处，比如经济现代化、基础设施建设、科学和医学知识的传播、法治概念的引入等等，这些远远超过了殖民者犯下的令人遗憾的错误。但是，不管你如何粉饰，这实际上仍然可以归结为这样的断言：

被殖民者基本上是未开化的；他们没有能力自治，没有机会进步，没有足够先进的技术来恰当地利用他们的自然资源。他们就是一群坐在金山上的傻子，全然不知该用这些宝贵的资源做什么。

首先，这种论断更多是基于传言，而不是基于事实，不是基于那些社会沦为殖民地之前的真实状况；它把少数国家在军事技术方面暂时的、非常偶然的优势，吹嘘成某种永恒不变的“应该由谁管事”的道德法则。更重要的是，它依赖于一个心照不宣的假定：要是没有殖民，在过去的五个世纪里，世界的其他地区将一直处于停滞状态，或者说，除了进军一个国家并将其据为己有，我们就想不到其他跨境交流科学或技术知识的办法。言下之意就是，假如没有那些慷慨的殖民者，落后的国家和地区就会仍然停留在16世纪。现在看来那似乎不太可能了，尤其是考虑到那些帮助欧洲率先取得了一连串技术进步的思想已实现跨境传播，但是不管怎样我们都没有办法证明，因为这个世界上本就没有多少既没当过殖民地、也没当过殖民者的国家供我们去检验。似乎只有泰国算是条漏网之鱼。我只用谷歌搜了一下，结果发现泰国其实已经用上电了，所以就基于这一个样本，我怀疑那些殖民鼓吹者的论据可能是胡说八道。

但是说到底，这全都是各说各话，我们不能等几百年过去之后，再对你的所作所为进行回顾性的成本效益分析，因为那其实并不是人类通常区分善恶对错的方法。那看起来更像是事后给自己的立场找理由。因此，关于殖民主义的对话往往会变成这样：一方高喊“但是他们带去了火车！”，而另一方反唇相讥说“是的，还带去了阿姆利则大屠杀[1]！”。双方像复读机一样你来我往，直到把每一个人都烦得生不如死。（在此声明：我可是个非常喜欢火车的人，但我仍然不认为火车可以跟大屠杀相提并论）

我并不是说殖民主义该对世界上的所有恶行负责，那不是事实；我也不是说在殖民者到来之前，那些被殖民的社会都是和平礼让、天人合一的幸福之地，那也不是事实。我希望书到此处大家已经明白，人类犯蠢犯浑的本事贯穿了整个世界史。我只是想说，作为一个物种，我们可能应该试着基于事实来思考我们的过去，而不是一厢情愿、含糊不清地描述和怀念帝国的辉煌。

仅举一例：认为殖民主义给殖民地国家带去开明的治理和法治，这种观点其实难以被殖民列强与土著人签署众多不平等条约的历史所支持——我们实在无法把那段历史与“尊重法治”联系起来。这种观点会让被殖民的土著人感到震惊，比如美洲的原住民就先后跟英国和美国政府签署了数百个条约，最终只落得族群支离破碎，土地也被夺走。签署了《怀唐伊条约》的

[1] 1919 年 4 月 13 日，在印度北部城市阿姆利则，英国军队向印度人民开枪，造成数百人死亡。这场大屠杀是甘地随后发起非暴力不合作运动，并最终引领印度走向独立的直接原因之一。

毛利人也会感到愕然，因为将条约文本的英文版翻译成毛利文版的过程中，存在一系列错误，导致了一些模棱两可的地方，刚好可以用来解释他们究竟为什么签了字。同样，在南非殖民地英属卡夫拉里亚[1]，科萨人也会感到震惊：1847 年，他们眼睁睁地看着新上任的总督亨利·史密斯爵士一边猖狂大笑，一边象征性地撕毁了一份和平条约，然后强迫他们的首领一个接一个地上前亲吻他的靴子。

顺便说下，这些可不是隐喻，总督大人就是这么干的。值得注意的是，英国历史普遍把他当作风度翩翩的英雄人物来纪念，而在一本颇受欢迎的言情小说中，他与一个……等下哈，我查查笔记……哦，年仅 14 岁的小女孩有了一段童话般的婚姻。

这一切都将我们拽回本书的主题之一：我们一贯善于用故事和错觉来自欺欺人，粉饰我们真实的所作所为。维护一个帝国需要积极的努力，需要不断把它的现在写成神话，把它的过去加以美化。这种自相矛盾从一开始就存在：正因如此，哥伦布的文字表明，就在他内心盘算泰诺人是否值得征服和奴役的同时，他也坚信自己是奉主的旨意传播基督教的信仰。也正因如此，当帝国时代结束时，即将离开非洲的英国人有组织地销毁了数万份殖民档案，真的就是烧成灰再一起倒进大海里，企

[1] 卡夫拉里亚（Kaffraria）在阿拉伯语中有“异教徒、无信仰者”的意思，这个词如今在南非成了对黑人的种族主义蔑称。

图抹去这段历史，制造集体失忆。在乌干达，这种行动有一个恰如其分的名称——“遗产行动”。

这一点，在比利时国王利奥波德二世的暴行中体现得最为淋漓尽致。这或许是殖民时代最骇人听闻的一场暴行，具有深刻而又黑暗的讽刺意味。当时，利奥波德在刚果盆地购买了上百万平方英里的土地作为他的私人财产，然后为了赚钱，他把那里变成了残害和屠杀奴隶的地狱，20 多年里就造成大概 1000 万人死亡。讽刺的是，这是打着正式的慈善旗号做的。在 1885 年结束的柏林会议上，欧洲列强就“瓜分非洲”达成协议，从而把非洲大陆的殖民地化推到了新的极致。另外，这次会议还把上述土地分给利奥波德创立的慈善组织——国际非洲协会。该组织的慈善使命是为刚果人民带去“文明”，但是实际上他们把整个刚果变成了巨大的橡胶种植园。在那里，如果劳工未能完成产量目标，就会受到残酷的刑罚，要么被处死，要么被割掉手脚或鼻子。因为比利时军方不想在杀人以外的活动上浪费昂贵的子弹，所以要求士兵上交断手来佐证他们杀了多少人。一颗子弹，一只断手。于是，装满断手的篮子差不多就成了那里的一种货币，只不过，这种货币是从死人或活人身上免费收割来的。

当然了，利奥波德把他的国家叫作“刚果自由邦”。

因此，没错，殖民主义就是很坏。

本书讲的是失败，而殖民主义尽管的确很坏，但它不完全是个失败。如果你忽略道德伦理，只看损益得失，那它在很大程度上是个巨大的成功，其背后有很多人大发横财，活得简直像国王（更不用说那些本来就是国王的人了）。

但是，尽管总体上来说殖民列强的确通过侵略性的窃取成功获得极多财富，然而这忽视了一点，那就是有很多瓜分殖民地的行动既野蛮又无能。所有那些关于英雄冒险家自吹自擂的神话，加上据说可以轻松赚大钱的诱惑，全都意味着很多投身于帝国事业的人——不客气地说——就是十足的白痴。

整个“地理大发现”显然充斥着邓宁－克鲁格效应。一个又一个极不合格、毫无经验甚至往往精神错乱的人被派去领导探险，或者管理殖民地，而这仅仅是基于他们非常自信，看起来像是合适的人选。

就拿约翰·莱迪亚德来说吧，他受英国人委托带领一支探险队去寻找备受关注的尼日尔河的源头，尽管他此前只在非洲南端的海上短暂停留过。他出生在当时还是英国殖民地的康涅狄格，由于把自己跟着库克船长航海的经历写成畅销书，结果就成了伟大的探险家。然而，他独自完成的冒险是真的很失败。

毫无疑问，莱迪亚德非常善于结交要人并说服他们预付钱款。他的首次商业冒险是一家毛皮贸易公司，筹划了很多次却一直未能真正成立。但是在巴黎寻找商业伙伴时，他结识了很多头面人物，其中包括托马斯·杰斐逊、拉法耶特侯爵以及没在音乐剧《汉密尔顿》中出现的另外几个名人，他们支持他去完成一次完全不同的探险。这是一个大胆的计划，要一路穿越俄罗斯到达白令海峡，然后从那里渡海到达阿拉斯加，再沿着美洲大陆的西海岸一路探索下去。整件事情都是杰斐逊的主意，在他的眼里，莱迪亚德是“一个天才……有无畏的勇气和开拓精神”。

在去圣彼得堡的途中，莱迪亚德把鞋都丢了，但他借到了一些钱，好不容易到达了伊尔库茨克，结果被当作间谍抓了起来，探险也就跟着泡汤。

到了1788年，当身无分文的莱迪亚德终于回到伦敦时，他又得到一次机会：带领探险队前往所谓的“黑非洲”。尽管他不会说阿拉伯语，探险经历顶多也就是马马虎虎，但正在寻找人选的非洲协会一眼相中了他。该协会的秘书长是个姓博福伊的人，他有些气喘吁吁地说，初次见面他就“被莱迪亚德的男子气概、宽阔的胸膛、率真的表情以及眼中的不安所打动……我问他什么时候出发。‘明天早上。’他回答说”。前往一个你只从船上看过几眼的大陆，进入未知的地域展开探险，如果你觉得一晚上的准备时间似乎太仓促，那很可能是因为你的胸膛不如约翰·莱迪亚德宽阔。

最终，莱迪亚德最远只到达了开罗，在那里他得了“胆汁病”，然后就想喝硫酸来自我治疗。不出所料，在1789年1月，他就这样弄死了自己。在他这次非洲冒险所留下的东西里，真正有用的就是对几条商路的描述。对了，他还给托马斯·杰斐逊写过几封信，信中他骂埃及人愚蠢，还说尼罗河不如康涅狄格河。

说完莱迪亚德，再来说说罗伯特·奥哈拉·伯克，一个满脸大胡子的爱尔兰警察，脾气暴躁，没有方向感。在1860年，他沿着一条从墨尔本到北部海岸的路线，开始前往澳大利亚的中心地带探险。离开墨尔本和欢送的人群之后，探险队的穿越速度慢得让人难以置信，这主要是因为他们带着二十吨重的装备，其中包括一些生死攸关的物品，比如一大套雪松铺面的橡木桌椅、一面锣和十二把头皮屑刷子。

由于伯克脾气暴躁，而且完全缺乏探险技能，所以探险队的人员流失非常严重，很多队员要么被开除，要么自愿离开了。当慢得要死的行进速度终于迫使他同意丢掉一些补给时，他居然选择丢掉大部分的枪支和弹药，还有帮助预防坏血病的酸橙。最终，在行进大约2000英里之后，伯克撇下大部队，只带着另外三人和几头骆驼，半死不活地到达距离北部海岸不到12英里的地方，然后因为前头有一大片红树林沼泽挡住了去路，只好折返。在回去的路上，一些经过的土著人看他们饿得皮包骨头，就想给他们些食物和帮助，但伯克却朝人家开枪。此后不久，他就死在了路上。

甚至有些号称很成功的殖民探险家，其实也非常不擅长探险，比如法国人勒内－罗贝尔·卡弗利耶。他曾宣布美国墨西哥湾沿岸的大片地区为法国领土，并把现今的路易斯安那州命名为圣路易斯。一位法国官员曾说:“在我认识的人当中，他是最有才干的一位。”他之所以会踏上探险之路，是因为他相信自己能找到一条经俄亥俄州到达中国的路线。他也是一个傲慢自大的家伙，生来就有让大多数同行者讨厌的本事，所以根本不适合搞探险。在1687年，他开始了自己的最后一次探险，试图仅凭一支200来人的法国军队从西班牙手中夺取墨西哥。他们一路上争吵不休，损失了好几艘船，然后登陆地点也比预定位置偏离了500多英里，最终在得克萨斯州某地，他被自己人谋杀了。

说起殖民时代的自欺欺人和狂妄自大，或许最生动的例证就是根本没能得逞的殖民企图——有一个国家也想跻身殖民列强，最终却因此陷入贫穷，蒙受屈辱。这个倒霉的国家就是苏格兰帝国。

把苏格兰搞到破产的人

像最终归入历史账本“损失”栏的很多人一样，威廉·佩特森也有一个愿景。

他不仅有一个愿景，还有说服别人赞同自己的本事和韧劲儿。他的职业是银行家和金融家，但他本质上是个推销员:他似乎兼具精算师的严谨、诗人的灵魂以及传教士炽烈而又坚定的信仰，让人难以抗拒。遗憾的是，他这个愿景最终导致数千人死亡，让祖国苏格兰陷入破产的境地——更糟的是，这一切都拜南边的邻国所赐。事实上，要是没有佩特森的灾难性计划，我们所熟知的英国今天可能都不存在。

在这个故事中，一个国家听信了真正的意识形态信徒的宣言，寄希望于宏大但模糊的野心，对专家的警告充耳不闻，顽固不化，拒绝承认现实，不肯改变方向，即使世界发出了非常明确的信号，说他们可能犯了错误。（故事中的英格兰人也是混蛋，但这一点可能不言而喻）

佩特森的愿景实质上就是建立一个苏格兰帝国，成为全球贸易跳动的心脏。他清楚地知道自己想把帝国的第一个前哨站设在哪里：大西洋彼岸一个青翠的天堂，坐落在美洲的支点上。那个地方叫达连。

从 1698 年到 1699 年，约有 3000 名殖民者从苏格兰起航，在民族主义情绪和该国一半财富的支持下，他们满怀希望，一心想要找到佩特森的天堂，建立那个帝国。没等 17 世纪结束，他们就发现这里根本不是天堂，大多数人丢了性命，国家的财富可能也在大西洋上打了水漂。

公平地说，佩特森的愿景并不全是灾难。事实上，他的另外一个愿景一直延续至今——在 1691 年，他首先提出创立英格兰银行的构想，然后在 1694 年，他成了该银行的共同创办者。（这个苏格兰人创立了英格兰银行，一年之后，有个英格兰人创立了苏格兰银行）在许多方面，佩特森远比大多数人更早预见到全球化贸易的轮廓将怎样影响我们当今的世界。但他既乐观（“贸易能够促进贸易，”他写道，“钱能够生钱，直到世界末日。”），又极其顽固。他的态度终于让英格兰银行的其他董事忍无可忍，因此还没等到银行成立一周年，他就被迫退出董事会。

于是，佩特森又回到多年来一直放不下的想法：在美洲大陆最狭窄的地带，在巴拿马地峡东部海岸的达连，建立一个贸易殖民地。早在巴拿马运河开通前的几个世纪里，人们就已经清楚认识到，从这里往返大西洋和太平洋最容易。当然确切地说，这并不容易，因为穿越这个地带一点儿都不轻松——但是，仍然要比绕行美洲南端、合恩角或者麦哲伦海峡的海上通道更快捷、更安全。佩特森煽情地描绘了一幅繁荣的景象：通过连接两个大洋，达连将成为“海洋的门户，宇宙的钥匙”。

当时正值欧洲疯狂殖民扩张的高峰时期，苏格兰当然也想分一杯羹。到了1690年代，在近两个世纪的时间里，西班牙和葡萄牙一直在从美洲殖民地掠夺资源，并因此大发横财；再往后，英国与荷兰加入战团，并且取得巨大成功。到这时，欧洲人瓜分全球的争夺战已经覆盖亚洲、非洲和美洲，因为“凭借武力洗劫”的总体战略仍然立竿见影，能迅速带来数不清的财富，丝毫没有放缓的迹象。

帝国时代也是金融革命的时代：殖民主义的先锋不仅由国家直接扮演，其参演者还有国家支持的、公开交易的“股份”

公司，比如英国东印度公司、荷兰东印度公司等臭名昭著的巨头，它们模糊了商业与地缘政治之间的界限。基本上，佩特森的达连冒险就是想照搬这种模式。这些公司的触角遍及全球，财富和势力让很多国家都难以企及。事实上，它们本身常常就可以代表国家，能对本国政府施加难以置信的影响（与如今大不相同）。

此外对苏格兰来说，1690 年代也充满不确定性和疑虑。自从詹姆斯六世在 1603 年南下统一苏格兰、英格兰和爱尔兰以来，苏格兰人一直躁动不安。他们的确是联盟的一分子，但他们仍然是一个政治上独立的国家：他们有自己的议会，颁行自己的法律，仍然保留着自己的货币。然而，苏格兰某些社会阶层越来越怀疑，他们在整个联盟中遭受着不公平的待遇。他们相信（还真不是无端揣测），联盟就是一个只对英格兰人有利的陷阱，苏格兰将永远是穷亲戚，从伦敦传下来的政令将永远偏向英格兰的首都，损害爱丁堡的利益。

看到其他阶层都在积极争取与英格兰更紧密的结合，他们的这种感觉就更加强烈了。1690 年代的金融动荡进一步加剧了这种紧张氛围——英格兰发生了货币危机，国王想要发动劳民伤财的对外战争，苏格兰遭遇了“七个灾年”，经济萧条、庄稼歉收和饥荒导致很多人陷入饥饿和贫困。这场经济危机非但没让苏格兰人民厌恶风险，反而给允诺改变现状的人创造了沃土。因此，当佩特森的达连计划出炉时，它就被高涨的爱国热情逮住，成了苏格兰重申独立、摆脱联盟束缚、掌控自身未来的途径。

在设想自己的计划时，佩特森其实并不关心民族自豪感的问题——事实上，在求助于祖国之前，他一直在努力说服其他国家支持这个计划。在 1695 年，苏格兰已经决定支持他的冒险计划，成立“苏格兰对非洲及印度贸易公司”，议会还通过了一项法案，给了该公司广泛的权限和慷慨得荒谬的条款。然而，他还是把筹集资金的起点选在了伦敦。正是在这里，整件事情开始走入歧途，公司的创始人开始忽视警报信号。

不过，一开始这事儿并没有出什么岔子；事实上，各方面都进展得非常顺利。有点儿太顺利了。佩特森在伦敦名气很大，而且善于推销，再加上人们对志在全球的股份公司热情泛滥，所以苏格兰贸易公司很容易就找到了支持者，吸引了总额约 30 万英镑的投资承诺，这可是笔巨资。不幸的是，他们对这个计划的兴趣太大，自然就引起了东印度公司的注意。

委婉地说，东印度公司对竞争的前景很不乐观。他们已经被这十年来的金融危机吓坏了，而且本年度也遭受了巨额亏损；伦敦商业界的很多其他成员也是同病相怜。在这时，苏格兰贸易公司还没有选定巴拿马作为他们的目标，而且为了保密，他们甚至没有公开提到美洲探险的计划。相反，该公司的全名却暗示，他们正在推销的这个计划把重点放在非洲或东印度群岛，而那些地方是英格兰的势力范围。东印度公司对此的反应可想而知，大概意思就是“别做美梦”。

东印度公司的财富和势力与英格兰帝国霸业的成功密不可分，因此他们动用自身的影响力来破坏苏格兰贸易公司的计划。这是全球贸易残酷的现实政治[1]给苏格兰贸易公司上的第一课：你们想做大量的国际贸易，还想按照自己的意愿来做，但这并不意味着整个世界就会因此配合你们。

英格兰议会对苏格兰法案的条款义愤填膺，因为该法案自讨苦吃地给苏格兰贸易公司画了张自由贸易的大饼：21 年内完全免征关税、进口税以及其他税。英格兰的议员想知道，这将如何影响英格兰和苏格兰之间的海关和贸易关系，苏格兰议会怎么可以通过这样的法案。他们警告说，由于两国之间没有实施严格检查的硬边界[2]，“上述商品难免会被苏格兰人偷偷带进英格兰……从而在关税上给陛下造成极大的损害”。

英格兰议会展开调查，递交了报告，并威胁要弹劾任何与苏格兰贸易公司有瓜葛的人。不出所料，国王威廉站在了英格兰一边，并放出话说这事儿让他极为愤怒。于是乎，来自伦敦的那些投资承诺全都神秘地化作泡影。

当苏格兰贸易公司试图在阿姆斯特丹和汉堡这两个贸易之都募集资金时，剧情跟伦敦毫无二致。跟英国东印度公司一样，

---

[1] 现实政治（Realpolitik），这一概念由德国铁血宰相俾斯麦提出，主张当权者在处理内务和外交时，应当以国家利益为最高准绳。

[2] 硬边界（hard border），指设有边界警戒线和检查站，出入都受到专人或设备监控的边界。

荷兰东印度公司也对此心怀不满。他们从中作梗，再加上一位狡猾的英格兰外交官暗地里吹风使坏，这就使得佩特森及其同事虽然会见了不少潜在的投资者，跟他们一起喝了不少咖啡，被人家追问了不少计划相关的信息，但是最终没有几个人答应投资。

可以说，英格兰政府粉碎苏格兰梦想的努力在扼杀外部投资方面取得了奇效，但其在苏格兰本土所起的作用恰恰相反。苏格兰人民当然会觉得他们遭受了不公平对待，这样的刺激促使他们不再仅仅把苏格兰贸易公司看成发财的机会，而是上升到了国家认同的高度。佩特森可能并没打算把达连计划搞成狂热的爱国主义运动——他是真的只想把自己的贸易理论付诸实践——但是作为曾经的推销员，他知道要抓住时机利用高涨的公众情绪，因此就很愉快地把他的经济试验跟汹涌的爱国热情和民族主义怨恨绑在了一起。

在1696年2月26日，该公司在爱丁堡举行的认股登记吸引了大批投资者，堪比《您身边的理财大师》的订阅量。苏格兰人简直是在把钱往这个计划里倒。当时苏格兰并不富裕，但即使是在七个灾年期间也算不上贫穷。与很多其他欧洲国家一样，苏格兰也有迅速壮大的中产阶级，而他们算得上是该计划最狂热的支持者——这一点不同于东印度公司等其他股份公司，其投资者往往仅限于贵族和富商。为了撰写《苏格兰的价格》一书，历史学家道格拉斯·瓦特查阅了苏格兰贸易公司的档案资料，发现人数最多的投资者群体是贵族圈外的小地主。但更糟糕的是，投资者囊括了苏格兰社会的各个典型阶层——从有头有脸的名人到律师、医生、牧师、教师、裁缝、士兵和钟表匠，还有至少一个“煮皂工”，甚至是一些相对富有的仆人。狂热是可以传染的。殖民地让人一夜暴富的传说已经成了苏格兰的街谈巷议，歌曲和诗歌也在颂扬这家公司，很多人在为它祈祷，祝福它吉星高照。

考虑到历史的变幻莫测，再加上那时苏格兰流通着两种货币，所以投资总额的准确数字很难确定，但是据瓦特估计，流入该公司的资金占到了当时苏格兰货币财富总额的六分之一到二分之一。如果把全部承诺金额都包括在内（因为只需要预付一部分现金），资金总量很可能已经超过苏格兰的货币总值。

这当然不是什么好事。

佩特森似乎很清楚怎样给金融狂热火上浇油并加以利用。事实上，他讨论这个问题的方式，与我们如今对“病毒式传播”的理解极为相似。他在 1695 年的一封信中写道：“如果事情不能借着最初的热度搞起来，那么资金的募集就难以成功，因为民众往往非理性地盲从。”一个关键因素可能在于，该公司的认股登记没有私下进行，是公开的，而且这确实是公司有意为之，好让每个人都能看到投资者是哪些人。佩特森故意选择显眼的公众人物（你也可以称他们是“意见领袖”）作为早期的支持者，希望他们能树立榜样，促使其他人抛弃理智跟风投资。

这就像某种17世纪的众筹网站一样，将支持公司的行为从个人的财务选择变成公开的效忠声明——这使得那些没有支持该公司的人因缺席而显得特别刺眼。

这一切自然导致了不断自我强化的社会压力，所营造的氛围会咄咄逼人地把反对或怀疑的声音淹没。在1696年，创办苏格兰银行的英格兰人约翰·霍兰很遗憾地写道，当他试图批评该计划时，他被指控为东印度公司的间谍。“这个国家对印度和非洲贸易的热情已经冲破天际，”他写道，“很多人因此对我抱有偏见；因为无法回答我对这个计划的质疑，他们就私底下说，我们绝不能相信霍兰先生，因为他是个英格兰人……坦率地表达自己对这件事的想法是危险的，人们越来越心怀畏惧，不敢发表自己的看法。”

对英格兰的所作所为义愤填膺，爱国的自信心爆棚，支持变成了表演式行为，崇高的承诺、动人的愿景、还有暴富的诱惑，这些合在一起，就为失控的狂热创造了适宜的环境。1698年7月14日，在与岸上欢呼的人群道别后，5艘船从利思起航，载着威廉·佩特森以及另外1200个满怀希望的人，驶向中美洲他们从未去过的目的地。

哎呀，我是不是忘了说啊？威廉·佩特森之前从未到过达连。

为什么这娃非要在达连进行他宏大的贸易试验呢？这至今仍算是一个谜。作为商人，他的确在加勒比地区待过很长时间，但是在其传记或公开的文字中，没有证据表明他到过巴拿马地峡附近的任何地方。他十有八九是从海盗那里听说了达连的故事。(当时是海盗的黄金时代，真实的加勒比海盗可跟电影里的不一样，他们无法无天地大肆劫掠，有的是真正的流氓悍匪，有的则往往得到了政府的默许和支持，因为政府想让他们去骚扰同样从事殖民的竞争对手)

还有一点也不清楚，那就是佩特森究竟怎样仅凭一些传言，就说服苏格兰贸易公司其他董事支持他的愿景，同意他把达连作为苏格兰全球帝国的中心。他们无疑有很多次机会改变计划——在 1697 年，也就是船队起航的前一年，他们实际上差一点儿就彻底放弃了达连计划，转而专注于更合理的目标。

他们开始意识到，尽管公司在爱丁堡筹到了很多钱，现在却已严重超支，无法保证足够的资金来充分支持该计划的野心。(他们愚蠢地决定在欧洲大陆购买最先进的新船，而当时大多数竞争对手的大部分船只都是租用的。他们这样做可能是打肿脸充胖子，好吸引荷兰及德国的潜在投资者——这有点儿像一家科技创业公司虽然没有收入，但是却在城里最贵的地段租了豪华写字楼）董事会里有很多名声誉良好的专家，他们质疑这次远征的可行性，并且强烈建议将筹到的资金花在更低调的亚洲贸易任务上。他们充分意识到达连之行的所有陷阱，甚至考虑了美洲其他几个可能更适合的地点……尽管如此，这群头脑清醒、受过良好教育、非常值得尊敬的人仍然坚信他们一直都是对的，并决定继续推进计划。

在 1698 年 11 月初，这些殖民者到达达连之后没多久，那些陷阱就逐渐清晰可见了。他们当中有很多人甚至不知道达连是此行的目的地：公司非常害怕竞争对手知道他们的计划，为了保密，任务是在船队起航之后才透露的。

一开始似乎很顺利。那里的自然风光，还有陆龟、树懒和巨食蚁兽等新奇物种，都让这些殖民者惊叹不已。当地的库纳人似乎很友好，还提到几英里外有金矿。殖民者欣喜地发现了一个"最优良的港口"，一处有天然屏障的海湾，长两英里；他们中的休·罗斯相信，这个港口"能够容纳 1000 艘世界上最好的船"。另一个不知名的殖民者在日记中写道："这里土壤肥沃，空气清新，气候温和，这一切都让我们感到健康和便利。"

"健康"恐怕是言过其实了。登陆后不到两周，一些殖民者就开始生病且不治而亡，其中包括威廉·佩特森的妻子。又过了几天，定居点的最后一位牧师也去世了。

但是，尽管发生了这些悲剧，殖民者仍然自信满满。他们用苏格兰的旧称喀里多尼亚给海湾起了名字，并且立即着手建设他们的第一座城镇——新爱丁堡。他们因这些发现而欣喜若狂，以至于急不可耐地派出远征队的总会计师亚历山大·汉密尔顿（不是音乐剧里的那个），搭乘一艘路过的法国海盗船返程，以便尽快把喜讯带回祖国。

汉密尔顿搭乘的海盗船刚离开港口就沉没了；这是个相当明显的预兆，表明整件事情已经错得多么离谱。

这么大一个天然港口，为什么其他的殖民列强谁都不用呢？到这时原因就很明显了。它就像加州旅馆一样，进去轻而易举，想离开就没那么容易了。[1] 由于盛行风的作用，船只一离开港湾的庇护，马上就会遭受巨浪的迎面袭击。汉密尔顿搭乘的那艘船离开港口也就 30 分钟，结果就被巨浪拍成碎片，几乎有一半船员淹死。（汉密尔顿自己逃过一劫，并且最终回到苏格兰，去忽悠家里的父老乡亲，吹嘘远征进行得多么顺利）一些经验丰富的水手曾经警告过该公司，他们那些昂贵的大船龙骨较浅，完全不适合加勒比地区的海况，但他们根本听不进去。要知道，这就意味着他们的船一年中有好几个月只能躲在港口里。你可能会认为，对于一个拟建的贸易殖民地来说，这个事实会促使他们重新考虑，然而你错了，他们对此置若罔闻。

同样值得怀疑的是，他们是否真的想清楚了整个贸易这件事。道格拉斯·瓦特的研究表明，作为一个贸易代表团，他们在可贸易商品上花费的预算少得可怜——这些商品主要是布匹，但也包括 200 多顶假发、数量可观的时尚鞋子以及大量梳子。（为啥带那么多梳子呢？可能是因为他们相信，全世界的土著人都一个德行，见到梳子就喜欢得要死，会立即拿他们的土地来交换。结果呢？库纳人似乎对梳子一点儿兴趣都没有）另一

[1] 这里指的是美国乡村摇滚乐队老鹰（Eagles）的歌曲《加州旅馆》（*Hotel California*）。在歌词中，身心疲惫的旅人偶遇加州旅馆，初到时觉得这里是人间乐园，但到想离开时，却发现自己已成为这里的囚徒。

方面，如果代表团的目标仅仅是建立一个定居点，那他们可能应该少带些假发，多带些工具。

建设新爱丁堡的任务启动之后，他们的士气开始一落千丈。这项工作极为辛苦繁重，并且是在苏格兰人没有经历过的高温下进行。他们在茂密的丛林中徒劳地砍伐了两个月，而丛林似乎始终不肯让路。这之后项目负责人认定，他们从一开始就选错了建设地点（“就是一片沼泽。”如佩特森所述），于是他们的士气愈加低落。接着雨季开始了，而且巴拿马的雨可不像苏格兰的雨。那位写日记的罗斯也很快改变了他对选址的乐观看法，现在他写道：“定居点和整个海湾周围到处都是红树林和沼泽地，非常不健康。”

沼泽可不仅仅是不健康。疾病已经夺走佩特森妻子的生命，现在开始侵袭更多殖民者。我们不清楚那具体是什么病，因为他们只记录了“发烧”，但最有可能是附近沼泽地的蚊子传播的疟疾或黄热病（当然这两种疾病本身也是“殖民者”，都是由欧洲人从旧大陆带过去的）。当地的定居者在以惊人的速度走向死亡。

那些没有发烧生病的人，他们的健康也在其他方面日益被摧毁，而这主要是因为苏格兰贸易公司决定，把充足的烈酒供应作为此次远征的一大福利。喀里多尼亚人开始用朗姆酒和白兰地消解哀愁，而这当然不可能加快新爱丁堡的工程进度。没过多久，负责人决定彻底放弃城镇的建设，把重点放在修筑堡垒上，因为他们越来越担心西班牙人的大举进攻。

啊，是的，西班牙人。看见没，我们实际上还没有提到佩特森这个计划中最严重、最明显的问题：西班牙人非常非常确信达连是他们的地盘。

是什么让西班牙人有这样的信念呢？几件小事，比如他们已经在巴拿马地峡活跃了近两个世纪，再比如那里是他们把从南美掠夺的金银运回西班牙的重要航线，再比如达连就在西班牙的三大殖民地城市之间。事实上，他们曾经占领过达连，后来由于苏格兰人现在才发现的种种问题放弃了。西班牙会任由一个新兴国家插足自己的势力范围，在其中建立一个新的殖民地吗？这种妄想实在可笑。

为什么苏格兰贸易公司以为西班牙佬会放过他们？这真的让人费解。但是在这里，我们至少对他们的想法有个大致的了解。在很多浪漫的海盗故事中，海盗多次成功攻击和掠夺了西班牙在这一地区的财产。受此鼓舞，苏格兰的殖民者似乎已经相信，现在的西班牙就是只纸老虎，一个衰落的帝国，全盛时期早已成为往事。尽管西班牙有一支海军而苏格兰没有，但他们很可能相信，如果能够击退西班牙人最初的攻击，那他们就能成功地揭穿对手的虚张声势。

然而……剧情并没有按照他们的设想发展。首先，西班牙根本用不着直接进攻。先前英格兰人就企图阻挠苏格兰人的野心，并且造成了一定程度的破坏，但是跟现在发生的事情比起来，那些都不值一提。西班牙人迅速通过外交途径让威廉国王知道，苏格兰的小小冒险正在挑起两国都不想看到的战争。威廉刚刚从英法之间家常便饭一样的战争中脱身，非常渴望与西班牙保持和平，因此他立即下达命令，禁止任何英国领土或船只以任何形式给那些苏格兰人提供补给或援助，甚至不得与他们有书信往来。

当这个消息传到喀里多尼亚时，定居者陷入了绝望。自打他们到这里之后，再也没有来自家乡的消息，也没有新的物资供应，尽管他们一直定期地向苏格兰发回请求——现在他们被彻底隔绝，想在该地区找到盟友的希望也破灭了。

甚至在英国下达禁运令之前，殖民者就已经击退西班牙的一次小规模袭击，这还多亏一个奉命在这里监视他们的英国船长发出了预警。（丢脸的是，因为他们的保密工作实在太烂，这个船长实际上还比他们先到了一步）这场小小的胜利短暂地鼓舞了他们的士气，但是当他们派出一艘船去找人做生意时，那艘船却被西班牙人夺走，船员被关进了监狱，货物也被没收，他们的士气再一次跌到谷底。

到这时，喀里多尼亚有半数人口或者已经死了，或者快要死了，或者被人关进监狱，而剩下的那一半要么精疲力竭，要么饥肠辘辘，要么喝得酩酊大醉，于是他们已被彻底孤立的消息就成了压倒骆驼的最后一根稻草。他们相信他们已被彻底抛弃，于是决定一起放弃达连，踏上悲伤的返乡之旅。

因此，从威廉·佩特森终于到达他大半生的梦想之地开始，仅仅过了 9 个月，他自己就变成了鳏夫和病夫，被人抬上一艘准备离开的船。他总算没被发烧夺去性命，但是离开达连却意味着永别。

由于这些殖民者仍然受到疾病的折磨，所以跟他们在达连时的处境相比，途经牙买加和纽约的返乡之旅一样苦不堪言。他们花了将近一个星期才离开港口，然后路上又有数百人死亡。一艘船沉了，另一艘几乎被摧毁。最终，只有一艘船历尽坎坷回到苏格兰。不幸的是，他们回来得太晚，为了查明他们出了什么事，第二支前往达连的船队已经起航。

没错，等到已经无人可救的时候，苏格兰贸易公司终于做出决定，派出早就应该派去的救兵。

第二支船队于 1699 年 11 月末抵达，发现定居点已经变成一片“凄凉的荒野”：新爱丁堡已被遗弃和烧毁，堡垒杂草丛生，四周遍布草草掩埋的坟墓。然而，这些新来的人还是丧失理智地决定留下来，还派人回去请求新的补给，试图守住这片土地并重建家园。这一切的结果就是让更多人染上了疾病，生命垂危，并且让西班牙有机会证明他们可不是衰落的强国。新世纪刚过几个月，大批西班牙人就出现了，提醒每一个人这里仍然是他们说了算。饱受热病折磨的苏格兰人居然在围困中坚守了一段时间，但是到 4 月，他们被迫投降。苏格兰帝国就此告终。

大概是觉得让敌人夹着尾巴逃走更有宣传价值，或者仅仅是可怜这些倒霉的家伙，西班牙人最后竟然把他们放了。跟先前那批定居者一样，他们在回程中又有数百人死于高烧。而且，一场猛烈的暴风雨又摧毁了两艘船只，导致 100 多人丧命，其中包括倒霉透顶的会计亚历山大·汉密尔顿：他在先前的沉船事故中捡回一条命，并且随后回到苏格兰，但是后来他竟然又决定跟着第二支船队返回达连。

总共约有 3000 人从苏格兰去了达连，其中可能有 1500 到 2000 人死在了喀里多尼亚湾或者海上，还有很多幸存者再也没回苏格兰。

在进入新世纪的爱丁堡，计划失败的消息逐渐传了回来，引发一波又一波的震动。在一个刚刚两极分化的政治环境中，这个烂摊子成了政治足球被踢来踢去，一些人指责公司的董事造成了丢脸的败局，另一些人则指责背信弃义的英格兰人横加干涉。爱丁堡因此发生暴乱。一个不满的殖民者在小册子里抨击公司的董事，被指控亵渎神明；三个支持公司的人用版画侮辱和攻击政府，被控叛国，所幸罪名没有成立。这时真相是什么其实已经不重要了，重要的是你站哪一边。

这事儿不仅影响政治，还影响了财政：苏格兰本就处在经济危机当中，这下整个国家的财富又有很大一部分打了水漂。个人投资者损失了大笔资金，看起来是拿不回来了。苏格兰蒙受羞辱，国力大为削弱。

当然，任何重大的政治变迁都有多方面的原因。推动苏格兰与英格兰全面统一的各种力量很复杂，而且早就存在，这并不仅仅是因为佩特森的鲁莽计划。那毕竟是在17世纪末，国与国之间的边界和联盟似乎每周都在变化。但达连肯定是一个很重要的因素——尤其是在几年后，作为统一协议的一部分，英格兰要向苏格兰提供紧急财政援助，而且援助的对象不仅仅是作为国家的苏格兰，还包括苏格兰贸易公司的个人投资者，他们不仅能拿回本金，还有数额颇丰的利息。

很多人说这是贿赂。“我们被英格兰人的黄金收买了。”苏格兰诗人彭斯在80年后写道。有些人认为整个事件就是英格兰人的阴谋，就是想把苏格兰搞残，使之没有选择的余地。还有一些人不关心这个，能拿回自己的钱他们就很高兴。

佩特森赞成统一。

在1707年5月，联合王国成立。8月，12辆重兵押运的马车载着大约40万英镑驶入爱丁堡。

整件事的关键点在于：佩特森并没有错，至少没有全错。巴拿马确实是极好的殖民地点——真的，考古学家马克·霍顿曾在2007年全面考察巴拿马地峡，他的结论是，实际上佩特森提出的达连贸易路线是切实可行的。在今天看来，他对全球贸易发展的预测也没有那么离谱；更重要的是，他明确地提出全球贸易将成为帝国暴行的非暴力替代品。他写道，贸易可以带来财富，而且不会“像亚历山大和恺撒那样沾染太多的罪恶和鲜血”。坦率地说，这在当时算得上觉醒。（尽管如此，我们

的好评也应该适可而止：很多出资人谈到达连尚未开发的金矿时欣喜若狂，这暗示着他们掺和该计划就是为了掠夺那里的自然资源）

所有出资人没能共同解决那些难题，这一点就注定了冒险会失败。他们忽视了那些细节，比如所需船只的类型和需要携带的补给；他们还忽视了大局，比如此次行动的地缘政治影响。当遭遇挫折或陷阱时，他们最终相信了自己天花乱坠的炒作，坚信他们从始至终都是对的。这是群体迷思的典型案例。

直到今天，达连的故事仍是导致苏格兰分裂的关键。在2014年就独立举行的全民公投中，支持和反对独立的双方仍在拿这段历史说事儿。对于民族主义者来说，这是个寓言，说明英格兰总想阻挠和压制苏格兰人的希望；对于统一主义者来说，这是个教训，说明放弃稳定而追逐不切实际的抱负非常危险。

这个故事很容易让人拿来作类比。我的意思是，在这个故事中，一个国家拒绝与地理上最近的贸易伙伴结成政治联盟，转而去支持一个虚幻的愿景，妄想实现不受约束的全球影响力，而作为这个愿景的推销者，那些做着帝国梦的自由贸易狂热分子，他们用愤愤不平的爱国主义言辞把含糊的计划包装起来，并且从始至终忽视专家关于真实现状的警告。

不幸的是，我现在想不出有什么能跟它类比。

另外五个探险失败的探险家

路易－安托万·德·布干维尔

法国探险家，第一个环游世界的法国人，曾经到达大堡礁，但随后就返航了，因此未能发现澳大利亚。

约翰·埃文斯

威尔士探险家，在 1790 年代，他花了 5 年时间到美洲去寻找一个失踪的威尔士部落，其间被西班牙人当作间谍囚禁，最后总算找到那个部落，却发现他们不是威尔士人，而是曼丹人。

菲尔加摩尔·斯蒂芬森

加拿大探险家，他认为北极实际上非常宜居，并于 1913 年带领探险队前往。当他们的船卡在冰里时，他告诉船员他要带一个小队去寻找食物，随即就抛弃了他们。

刘易斯·拉塞特

在 1930 年，拉塞特率领一个搜索队进入澳大利亚中部的沙漠，去寻找一个巨大的纯金“矿脉”，他声称那是他多年前发现的。但根本没这回事儿。最终，队友抛弃了他，然后他的骆驼也趁他拉屎的时候跑掉了，于是他就死在了那里。

萨洛蒙·奥古斯特·安德烈

瑞典工程师和冒险家，想出了乘坐氢气球到达北极的好主意，然后尽管气球一直漏气，他们还是出发了。最终他们全都死在了北极的某个地方。

第八章

写给傻瓜及现任总统的外交指南

随着环球旅行在地理大发现时期骤增，可能被你们惹怒的国家数量显著增多，因此意外爆发各种战争的机会也大大增加了。假设（至少有的时候）你们真的想避免战争，那么除了去跟已经消失不见的哈拉帕人学习，你们的最佳选择就是外交。外交是大型人类群体避免互相犯浑的艺术——或者至少是设法达成这样的共识：好吧，谁都有犯浑的时候，但我们为什么不试着冷静冷静呢？

然而不幸的是，我们也不太擅长外交。

国际关系的关键问题源于更普遍、更基本的人际互动问题，也就是说，它涉及两个基本原则：

1）应该信任他人。

2）但是不要过于信任！

在人类历史上，几乎每当不同的文化相互接触时，我们都要面对这样的困境。不幸的是，对于正好生活在那些接触时期的人来说，他们根本没办法知道哪个才是正确的选择。这个问题我们至今仍未彻底解决，但幸运的是，我们至少有机会回顾过去人们的选择，然后说“不行，那绝对是错误的决定”。

这也正是哥伦布出现时泰诺人面临的问题——起初他们很信任哥伦布，他们的友好和慷慨也给他留下了深刻印象。显然，哥伦布的反应跟你平时碰到友善和慷慨之人的反应一样：“他们应该是当仆人的好材料。”他沉思着说。在考虑几天之后，他又补充道：“用 50 个士兵就能把他们全部征服，让他们俯首听命。”多可爱。

几十年后，作为阿兹特克的统治者，蒙特祖马误以为埃尔南·科尔特斯抱有善意，因此做出了一个非常、非常糟糕的决定，于是也发生了基本相同的情况，只不过规模更大。

阿兹特克人自称墨西加人，统治着一个庞大的帝国，横跨现今的墨西哥中部，疆域从一个海岸延伸到另一个海岸。蒙特祖马所在的特洛奇蒂特兰城，是当时美洲大陆上最大、最先进的城市（现今墨西哥城所在的地方）。这个帝国一直发展得很顺利，直到科尔特斯在 1519 年登陆尤加坦半岛。

科尔特斯不仅仅是个征服者，而且是一个流氓征服者——西班牙任命的古巴总督不信任他，已经解除他对探险任务的指挥权，但他还是带着船和船员跑了。抵达之后没过多久，他故意把船都弄沉，以防手下的船员哗变掉头回古巴。我想说的是，埃尔南·科尔特斯毫无团队精神。至此，他叛离同胞，古巴也回不去了，所以除了“去征服”，他几乎已经别无选择。

听说科尔特斯来了，离特洛奇蒂特兰城只有大约200英里，蒙特祖马惶恐不安。这可以理解，但不幸的是，他无法决定该怎么做：是给科尔特斯送上重礼，还是警告他赶紧滚蛋？在他犹豫不决的时候，科尔特斯则忙着利用墨西加人的弱点。主要问题在于：阿兹特克也是个帝国，而且常常表现得相当残暴。正因如此，墨西哥有很多土著群体并不喜欢蒙特祖马，而当科尔特斯向内陆进发时，他把花言巧语、阴谋诡计和偶尔的大屠杀结合起来，“说服”那些群体跟他结盟，共同对抗特洛奇蒂特兰城。

这一切本该让蒙特祖马明白，他与科尔特斯不可能迎来友谊的新时代，但他仍在等待。据说，他之所以犹豫不决可能还有一个原因，那就是当时有很多人相信科尔特斯可能是羽蛇神[1]转世——尽管唯一切实的证据是他在信中多次谈到这位天神，而且坦率地说，那听起来就像他那种货色会说的屁话。

科尔特斯终于带着几百名西班牙士兵和众多新盟友抵达特洛奇蒂特兰城，蒙特祖马也终于做出决定，尽管手下很多谋士

[1] 羽蛇神，中美洲文明中普遍信奉的神祇，形象是一条长满羽毛的蛇，被视为庇佑当地农民丰收的保护神。

忠告他那样做极不明智。公平地说，我们不清楚当时他还能否做出正确的决定，但他这个决定肯定是错误的：他把西班牙人当作贵客迎进城内，还送上重礼，给他们最好的房间和工艺品。可惜这并没带来好结果。没过几个星期，科尔特斯就发动了一场政变，占了蒙特祖马的王宫，并把他扣为人质，强迫他作了傀儡统治者。西班牙人首先要了晚宴，吃饱喝足之后，他们立即逼问他黄金都藏在哪里。

进入1520年后没过几个月，事态彻底爆发。讽刺的是，当时科尔特斯正在迎战古巴总督派来的西班牙军队，他们的任务只有一个，那就是尽全力阻止科尔特斯，不管他在做什么都要阻止。科尔特斯要指挥作战，于是就让一个副官留下来看着特洛奇蒂特兰城。但是，这个副官不知抽什么疯，下令屠杀了一大批正在大神庙庆祝宗教节日的墨西加贵族。怒不可遏的墨西加人造反了，科尔特斯赶紧回来救火。他命令蒙特祖马去说服那些人停止敌对行动，但他们根本不听，于是蒙特祖马的生命就走到了尽头。根据西班牙人的叙述，他是被一群愤怒的臣民用石头砸死的，但实际上，极有可能是西班牙人发现他这个傀儡已经没用，就把他谋杀了。经过一年多的血战之后，西班牙人彻底征服墨西加人，而科尔特斯突然重新得到主子的赏识，被任命为墨西哥总督。

或许没人能阻止西班牙人入侵，但是蒙特祖马决定把他们奉为上宾，这必然会成为史上最不明智的国际关系政策之一。

而且说实话，当300年后的墨西哥政府开始鼓励美国移民进入得克萨斯时，如果他们仔细思考了蒙特祖马可悲的先例，从中吸取了最为关键的教训——“老天啊，墨西哥，别再引狼入室了”——那么后来的历史很可能就大不一样。

不过，蒙特祖马不必太过担心自己的名声，因为历史上还有很多人跟他一样，在国际关系上做出非常糟糕的选择。

明智地选择朋友至关重要，不信请看公元9年罗马驻日耳曼尼亚总督普布利乌斯·昆克提利乌斯·瓦卢斯的故事。瓦卢斯试图照搬占领军的经典做法：挑选合适的当地贵族支持他，以便安抚平民百姓。不幸的是，他选择了一个名叫阿米尼乌斯的日耳曼部落首领，理由是此人早已成为罗马公民，甚至在罗马军中领导过一支辅助部队。尽管有人警告说，他信任的这个顾问可能不够安分守己，但是当阿米尼乌斯告诉他日耳曼部落发生起义，需要前往镇压时，他还是选择相信。没想到，阿米尼乌斯已经跟那些部落设好伏击圈，并且亲自把瓦卢斯及其罗马军团引入其中，然后靠着“我先过去侦查一下”的惯用伎俩脱身而去。整整三个罗马军团被全歼（这是他们战史上最惨重的失败），罗马帝国的北向扩张也因此戛然而止。

过于信任别人的对立面就是谁都不信任，比如中国明朝自毁前程的对外政策，已经被人当成研究孤立主义危险性的经典案例。在15世纪的前三十年里，中国拥有世界历史上最伟大的海军舰队，由大名鼎鼎的航海家郑和指挥。整个舰队有三万名船员，船只多达三百艘，其中包括庞大的九桅船，比其后几个世纪里出现的任何船只都要大；有些船只甚至就像水上农场，可以种植大片的蔬菜，饲养成群的动物。

另外值得注意的是，在这一时期，中国人并没有真正利用他们的舰队去干很多侵略的勾当。他们确实花了很多时间去打击海盗，舰队也确实可以非常方便地用来展示暧昧的威胁，以震慑任何企图越轨的国家——但是，郑和总共完成了七次远洋航行，目的地遍布亚洲、阿拉伯半岛和东非，其间只卷入了一场规模相当小的战争。相反，他们花了大部分时间来访问港口，远至马六甲、马斯喀特和摩加迪沙，然后呢……嗯，就是跟当地人交换礼物。他们用金银和精美布匹换回各种各样的礼物，其中包括非常多的动物。有一次，他们从肯尼亚带回了一只长颈鹿。

以这种方式展示压倒性的帝国实力，听起来要比其他方式温和多了。因此格外令人困惑的是，当郑和在1433年去世之后，明朝基本上就是……停了下来。他们放弃了海军。日本海盗的持续骚扰引发了相当极端的过激反应，他们重新实行很早以前的“海禁”政策——几乎完全禁止任何海运。因为要在北方与蒙古人持续作战，所以派遣外交使团就成了不必要的开支，还不如把这些钱花在另一个大工程上——修长城。

之后中国变得越来越封闭，把世界拒之门外。而就在同一时期，欧洲的海军开始探索全球。这个事实造成了双重影响：

一方面，这意味着当欧洲人在几十年后出现在亚洲水域时，那里就没有一支强大的本地力量可以阻止他们；另一方面，这也意味着中国在一定程度上错过了刚刚起步的科技加速。再后来，又要经过极为漫长的时间，中国才能重新取得世界强国的地位。

由此可见，在某种程度上，外交选择的关键就是要预测力量平衡的转换。考虑到这根本不可能做到精确，人们经常算错也就不足为奇了。在 1917 年暮春，正值一战期间，瑞士有个留着滑稽胡须的中年男子向德国政府提了个建议。他是俄国人，一心想回到陷入政治动荡的祖国，但是战争切断了他的返乡之路。

返回俄国的最佳路线是向北穿过德国，但是他必须得到德国的许可，而德国政府对他的政治活动没什么兴趣。

他的游说策略很简单。尽管他和德国人之间存在种种分歧，但目前双方有一个共同的敌人，那就是他一心想要推翻的俄国政府。德国最高统帅部正在多线作战，因此他们觉得，任何能让俄国从前线抽调资源的人和事都有帮助，于是就同意了。就这样，那个男人带着妻子和 30 多名同胞，坐上开往北部港口的火车，然后再从那里经由瑞典和芬兰回国。对德国人来说，这算不上什么先遣队，但聊胜于无。德国人甚至给了他们一些钱，并将在接下来的几个月里继续资助他们。德国人可能以为，像大多数执迷于小众事业的政治人物一样，那个人将会挑起一些事端，让俄国人暂时没工夫来纠缠德国，然后他自己也会安静地隐匿无踪。

哦对了，那个人就是列宁。

至此，从很多方面来看，德国人的计划简直天衣无缝。

事实上，效果超出了预期！布尔什维克不仅激怒了俄国当局，分散了他们的注意力，还把他们打得满地找牙。仅仅6个多月，俄国的临时政府就消失了，列宁掌权，苏维埃国家成立，并与德国达成停火协议。回到4月份，当德国人挥别列宁的火车时，他们做梦也不敢想会有这么完美的结果。

然而，如果把眼光再放得稍微长远一些，你就不会认为这个计划是巨大的成功了。

首先，东线的停火并未帮助德国赢得战争。随后，苏联与热心的德国朋友很快就翻脸了。时间再快进几十年，又一次世界大战结束，德国分裂成东德和西德，东德落入苏联的掌控。

德国人掉进了一个古老的陷阱，以为敌人的敌人就是朋友。确切地说，这并不总是错的——只不过这种友谊的保质期通常都非常短。“敌人的敌人就是朋友”这种错觉，除了可以解释极度混乱持续了几个世纪的欧洲史之外，它还隐藏在历史上数不清的糟糕决定的背景中。

这种现象的别名可能是“战后美国的外交政策”。在冷战也就是全球性决策失误的持续期，只要符合“不做共产主义者”这个严格的标准，几乎任何国家都可以成为美国的盟友。这些盟友中有很多彻头彻尾的混蛋，比如拉丁美洲各式各样的独裁者，越南接二连三的可怕统治者。但是除此之外，还有另一个核心问题，那就是结果往往证明，这些盟友从来就没喜欢过美国。

想想看，就在最近几十年里，美国陷入了针对基地组织的武装冲突，而基地组织的前身就是美国曾经支持的阿富汗圣战者。美国为什么支持他们呢？因为他们的敌人是苏联。如果你就喜欢冲着银幕大喊“哇哦，这片儿现在看简直惨不忍睹”，那我强烈推荐你去看下1987年的詹姆斯·邦德电影《黎明生机》。在剧中，与邦德合作的圣战者领袖是个迷人的英雄式人物，像极了“带着优雅英国口音、文质彬彬的本·拉登”。不过呢，主题曲还不错。

同一时期，美国还陷入了针对伊拉克的武装冲突。美国支持过伊拉克，因为他们在跟伊朗打仗；伊朗反对美国，因为美国支持过伊朗的前政权；美国为啥支持伊朗的前政权呢？因为他们反对苏联。

美国还陷入了针对“伊斯兰国”（ISIS）的武装冲突，而“伊斯兰国”是基地组织在战后伊拉克活动的产物，目前正在叙利亚打一场至少涉及三方的战争。在这场混战中，美国在反对一个自己先前支持过的政权——叙利亚政府。现在美国想支持该政府的反对派，但事实证明，反对派中的一些人也是“伊斯兰国”的朋友，而“伊斯兰国”既是美国的敌人，也是美国某些敌人的敌人，尽管另一些支持“伊斯兰国”的人同时是美国的敌人和美国敌人的敌人——哦对了，就像以前一样，俄罗斯也加入了战局。

看看，国际政治真的冷酷无情，崇高理想在其中没有多少立足之地，实用主义的冷酷之手意味着，你往往不得不结交你能找到的盟友，而不是你真正想要的盟友。但是，如果我们记住，在大多数情况下，敌人的敌人就跟原来的敌人一样混蛋，那么我们一次次碰到的很多难题或许就能避免。

但在严重外交错误的漫长历史中，有那么一个错误鹤立鸡群。

怎样轻易地失去一个帝国

1217 年，在辽阔而又强大的花剌子模帝国，国王阿拉乌丁·摩诃末二世收到一封睦邻书信，是一个在东边日渐崛起的强国领袖送来的。信中写道："我是太阳升起之地的主宰者，你则统治着太阳落下的地方。让我们缔结一份稳固的和平友好条约吧。"信中提出了两国间互利互惠的贸易协议。

在这个节骨眼上，阿拉乌丁·摩诃末二世做出了绝对是国际外交史上最糟糕的决定。

当时，花剌子模是世界上最重要的帝国之一，疆域几乎从西部的黑海延伸到东部的兴都库什山脉，从南部的波斯湾延伸到北部的哈萨克大草原，覆盖了现今伊朗、乌兹别克斯坦、土库曼斯坦、塔吉克斯坦、阿塞拜疆、阿富汗等国的全部或大部分领土。那时欧洲离文艺复兴还有一两百年，花剌子模才是发达国家的中心。伟大的丝绸之路也经过这里；作为连接东方和西方的重要通道，货物和思想都顺着它流动。花剌子模还是伊斯兰世界的心脏，是当时最富有、最先进的文明。作为帝国皇冠上的明珠，撒马尔罕、布哈拉和梅尔夫等都是中亚地区的大城市，被誉为学术、创新和文化之地。

你是不是心里嘀咕说：这就怪了，我们怎么从来没听说过这个花剌子模帝国呢？是啊，这当然是有原因的。

你看，前面提到的那封书信，是一个叫成吉思汗的家伙送来的。就在他做出可怕决定之后，没过几年……唉，花剌子模帝国就不复存在了。

值得注意的是，根据现有的史料判断，成吉思汗传达的友谊绝对是真心实意的。到此时，这个伟大的勇士实际上已经实现他的所有目标：经过一系列或相对容易或极其残暴的征战，他已经征服并统一中国北方的游牧民族和周边地区，建立蒙古帝国。在东边他仍有几场战役要拿下，但他根本没打算继续向西推进。他的野心和欲望已经到顶，更何况他就快 60 岁。霸业已成，该考虑安静地退休了。

当时他刚刚征服了西辽——那是背井离乡的中国游牧民族建立的帝国，以现今的吉尔吉斯斯坦为中心，是最后一批拒绝向蒙古臣服的国家之一。在这之后，成吉思汗就来到花剌子模的家门口，蒙古与伊斯兰世界之间形成了一道新边界。既然有了边界，而且是不明确的边界，那就很可能会发生边界冲突。事实上，蒙军与花军已经在这里发生一次未遂的军事冲突：当时摩诃末二世和他的军队前来迎战某支敌军，结果却发现烦人的蒙军先到一步，已经把那支敌军击溃了。

这种事儿已经不是第一次了。成吉思汗似乎有一个习惯，总是抢先出现，夺走摩诃末一直盘算着想要赢得的胜利——或许正因如此，在最初的冲突发生之后，当成吉思汗递来橄榄枝时，摩诃末才会做出很不明智的反应。他可能有些恼火，觉得蒙古人一直在窃取他的荣誉，让他很丢脸。（他本来还应该意识到，这意味着蒙军拥有非常优秀的军事战略家，但是呢，他显然没这个觉悟）

此外，双方关系似乎还受到翻译错误的影响。“我是太阳升起之地的主宰者，你则统治着太阳落下的地方”——成吉思汗这么说，可能只是想描述基本的地理方位，并承认双方（大致）平等的地位。但这句话也可以这样翻译：“作为帝王，我是旭日初升，你则日薄西山。”如果这样解读，那意思一下子就反了，听着就像成吉思汗的蔑视。作为统治者，摩诃末本来就觉得蒙军替他消灭敌人是抢了他耀武扬威的机会，已经让他颇为恼火，现在看到这句话，极有可能就认为成吉思汗是在暗讽：“我是正在崛起的大国，你的帝国则正在衰落，哦哈哈哈！”

接下来双方又多次互派使者，但随后展开的对话看起来就像是一部消极对抗的风俗喜剧。成吉思汗觉得摩诃末送来上好的丝绸是看不起他（“这家伙以为我们从没见过好东西吗？”），于是就送去一大块狗头金作为回礼，大概是想证明他们蒙古人也有好东西，尽管他们住在帐篷里。这一回，成吉思汗再次表达了他渴望和平的真诚心愿：“我最大的愿望就是与你和平共处；我将视你如我的孩子。”这话算是完全把错了脉，摩诃末可不喜欢别人叫他“我的孩子”。（顺便说一句，如果你用伦敦黑帮粗野的声音说“我的孩子”，那就好笑多了）

尽管涌动着心胸狭窄的暗流，但双方表面上还是恪守邦交的礼节，所以成吉思汗显然就以为对方已经同意他的请求，愿意建立和平的贸易关系。首先，这显然是双赢的局面。正如他在一封信中对摩诃末所说：“你知道，我的国家拥有数不清的战士，还有用不完的财富，我根本没必要觊觎他国的领土。促进两国民间的贸易，这符合我们的共同利益。”

于是，成吉思汗就自己出钱，并让自己的私人特使带队，向花剌子模派出第一支贸易代表团：450 名商人，100 名士兵，500 只骆驼，货车上装满金银、丝绸和玉器。他们的首要目标是确保花剌子模解除最近针对两国跨境贸易实行的禁运。每个人都非常渴望这样的结果，尤其是花剌子模这边：成吉思汗已经统一中国北方，这在理论上使丝绸之路变得更加通畅了，而整个伊斯兰世界的商人都迫切地想要打开中国市场。但是，由于地盘意识和小心眼作怪，花剌子模的国王下令封锁了这条通道。因此，在1218年，当这支蒙古商队进入花剌子模的北方城市讹答剌时，肯定有很多人都觉得好日子似乎又要回来了。

正是在此时此地，这个幅员辽阔的国家开始走上绝路。

在贸易代表团进城之后，讹答剌的守将“海儿汗”亦纳勒术没有欢迎他们，帮他们安顿好骆驼，然后递上热茶。相反，他派人杀光了他们，扣留了他们带来的一切。这是一次恶毒的突袭，导致550人的商队仅有一人幸存，因为在大屠杀发生时他正在洗澡，并且设法躲在了浴桶后面。

事件发生后举世震惊，因为这样的暴行违背了礼节和待客之道，也有悖于基本常识。亦纳勒术解释说，他怀疑整个商队都是间谍。这简直荒谬透顶，因为那些商人本身都不是蒙古人，大部分都是来自维吾尔地区的穆斯林。在一条重要的商道上，在一座伊斯兰城市中，伊斯兰商人有可能被同属伊斯兰的当地政府凭着完全站不住脚的借口屠杀，这样的前景，即使往轻了说，那也是非常令人不安，而且肯定不利于商贸往来。

另外，绝对没有人会相信，在一个财富和威望依赖于贸易的帝国里，如果没有国王本人的许可或直接命令，亦纳勒术敢擅自做下如此具有潜在毁灭性的事情。

摩诃末是铁了心要跟蒙古人撕破脸，如果说之前还有人不太相信，那么这样的怀疑很快就会消散。令人难以置信的是，尽管讹答剌发生了那样的暴行，但成吉思汗居然还愿意给他第二次机会。贸易协议仍然是蒙古人优先考虑的事项（首先来说，他们的东征西讨对本国的农业发展非常不利，所以他们需要买东西）。于是，成吉思汗又派出三位使者（一个穆斯林，两个蒙古人）去跟摩诃末澄清事实，要求他惩罚亦纳勒术，赔偿损失，恢复和平。

摩诃末不但没有道歉，还把那个穆斯林使者的脑袋砍了，又把两个蒙古人脸上的胡子烧了，然后让他们面目全非、狼狈不堪地回去见成吉思汗。

为啥？我的意思是，我真的不明白，你们为什么要那样做？摩诃末找成吉思汗开战，真的是因为他觉得说他的国家是太阳落下的地方是蔑视和羞辱？

这当然有可能，而且也不会比任何其他的解释愚蠢多少。然而值得注意的是，摩诃末的猜疑已经远远超出极其脆弱的男性自尊。他出身突厥，是奴隶的后裔，因此在伊斯兰世界里，邻近的波斯和阿拉伯贵族往往看不起他。他的帝国几乎与成吉思汗的一样年轻，内部存在分裂。他与母亲关系紧张，母亲从来没有真正帮过他。他还与巴格达的阿拉伯哈里发纳缓尔积怨已久，而这时他就更怀疑纳绥尔在跟蒙古人密谋推翻他。（公平地说，纳绥尔还真有可能与蒙古人合谋，尽管这对各方来说都将是适得其反的举动）在 1217 年，试图攻占巴格达的摩诃末无功而返，想要翻山的时候却在雪地里迷路，这很可能让他对自己的军事才能感到更加失望和烦躁。

另外，他可能只是低估了成吉思汗的威胁。可以说，他的事例充分证明了，在你掌握尽可能多的信息之前，一定要耐住性子，绝不可鲁莽行事：当两个被烧掉胡子的蒙古使节带着他挑衅的消息往家赶时，他自己派去的一个密使也正在回国的路上，而且带着蒙古军队到底有多强大的消息。当他终于弄清楚自己的对手多凶悍时，他的反应基本上就是一个字："哦。"

于是就像每次大战来临之前一样，成吉思汗又去了自己的出生地附近，登上不儿罕合勒敦山的顶峰，在那里祈祷了三天三夜。然后他给摩诃末送去最后一封信——至少这次，信的内容足够直截了当，不可能再被误解。"准备开战吧，"他对摩诃末说，"我将率领势不可挡的大军横扫你的土地。"

在 1219 年，成吉思汗率大军杀向花剌子模。到 1222 年，花剌子模帝国已经从地图上抹掉了。

不同来源的估计数字天差地别，但是看起来蒙军很可能只有十万多人，而花军的兵力在两倍以上，并且是本土作战，熟悉地形。但这些都不重要了。摩诃末放弃主动出击的主场优势，决定躲在防守严密的城墙后面等着蒙军来攻，因为他相信蒙军根本不善于攻城。公平地说，蒙军确实不善攻城，但摩诃末没有意识到，蒙军学东西学得非常快。首先遭到围攻的自然是讹答剌，蒙军攻打了好几个月才拿下。在那之后，夺取其他城市大多只用了几个星期，甚至几天。

蒙古军队灵活善变，适应能力强，纪律严明，而且重视和善于收集情报。成吉思汗出人意料地兵分几路展开进攻，切断敌人的后援，或者同时攻击多个目标。他们把高效的交流摆在首位，轻松地改变战术，并从以前征服的敌人那里吸收战略和武器。而且，他们绝对绝对是毫不留情。

他们以可怕的速度横扫花剌子模。他们允许被攻打的城市投降，选择投降的城市也会得到相对宽大的处理：他们当然还是要把城市劫掠一空，但会放过大多数居民的性命。然而，如果被攻陷的城市没有投降，或者后来试图造反，那么蒙军会残酷地镇压和屠杀。

在莪默·伽亚谟[1]的出生地内沙布尔，成吉思汗最喜欢的女婿在战斗中丧生，于是他允许自己伤心欲绝的女儿来决定这座城市的命运，结果除了几个熟练的工匠之外，城里其他居民全被处决，17000 颗头颅堆成巨大的金字塔。屠杀持续了 10 天，之后蒙古人把猫狗也全杀了，真的就是为了泄愤和示威。玉龙杰赤是少数奋力抵抗了几个月的城市之一，久攻不下的蒙军最后把阻挡阿姆河的大坝掘开，汹涌的洪水彻底摧毁了整座城市（据说因此发生的河流改道持续了几个世纪，这在前面的章节中提到过）。顺便说一句，这两桩惨剧都发生在 1221 年 4 月，因此这一个月自然就成了历史上最具毁灭性的月份之一。

成吉思汗知道恐怖有攻心的作用，而且他还发现，在文化程度更高的伊斯兰世界里，这种攻心战的效果会更加显著：他

[1] 莪默 · 伽亚谟（Omar Khayyam），生于内沙布尔（今伊朗东北部），是当时负有盛名的数学家、天文学家、医学家和哲学家，代表作是诗集《鲁拜集》。

乐意让那些描述征伐场面的信件寄出去，因为这能促使后面攻打的城市不战而降。

同时，他也很注意尊重宗教，往往对特别神圣的地方更为温和。蒙古帝国当然非常残暴，但又相当宽容，因为成吉思汗颁布了很有可能是世界上第一部规定宗教自由神圣不可侵犯的法律。这当然有务实的用意：反抗者如果知道他们不是在打圣战，那就更容易看到投降的好处，这还让各地的宗教少数派成了潜在的盟友。1220 年初，当蒙军攻陷穆斯林的神学中心布哈拉时，成吉思汗命令他们不得破坏城内的大清真寺。他甚至亲自去了这座清真寺——据记载，在他的一生中，只有这一次他是真正进入了被他征服的城市。成吉思汗深爱着帐篷和辽阔的草原，他心中的神是永恒的蓝天，所以他从来就没有真正地明白，除了作为征服的对象，城市还有什么意义。

因外交上的极度无能而引发这一切的摩诃末又跑哪儿去了呢？他躲在布哈拉的姐妹城市撒马尔罕，当布哈拉陷落时，他已经看到厄运临头的预兆。于是，他逃走了，而在接下来的一年里，他的所作所为厚道地说是“负隅顽抗”，不厚道地说就是“逃窜”。他在分崩离析的帝国内东躲西藏，成吉思汗则专门派了两万蒙军追击他，并下令活要见人、死要见尸，否则不得回师复命。就这样，他一直逃到里海沿岸，去一个个岛屿上寻求庇护。1221 年 1 月，就在其中一个岛屿上，身无分文、衣衫褴褛、精神错乱的摩诃末死于肺炎。

惹怒成吉思汗的人已经死了，如果他能就此罢手，如今摩诃末的名字将只是个历史的注脚。问题是，成吉思汗并未罢手。对花剌子模的摧毁贯穿了整个1221年，暴行甚至变得更加极端。对抵抗的城市实行灭绝式屠杀，这样的命令变得越来越明确，内沙布尔、玉龙杰赤、梅尔夫和其他城市都惨遭毒手。

花剌子模帝国已被消灭，但成吉思汗还没尽兴，大概是觉得这一切实在太容易了。他原本没兴趣向西扩张，但现在他的欲望极为强烈，就想看看自己到底还能征服多少国家。亚洲的很多伊斯兰国家已被吞并，蒙古人继续向欧洲推进。成吉思汗在1227年去世后，则由他的子孙继续扩张。在鼎盛时期，蒙古帝国是有史以来最大的陆上帝国，疆域从波兰一直延伸到朝鲜。

几代人之后，像很多其他帝国一样，蒙古帝国也陷入派系斗争和内讧，最终四分五裂；但在某些地区，它的遗产又继续存在了很长时间，甚至持续到20世纪。在布哈拉酋长国，成吉思汗的直系后裔统治到1920年，一直到布尔什维克出现，王朝统治才终于结束。在1838年，一个名叫查尔斯·斯托达特的英国军人带着外交使命来到布哈拉，试图争取他们支持大英帝国的事业，然而讽刺的是，他视死如归地成了一个缩影，重现了摩诃末的愚蠢：无缘无故地随意侮辱埃米尔[1]纳斯鲁拉汗，结果被扔进暗无天日的“虫牢”关了好几年，一直被虫子啃食，

[1] 埃米尔（Emir），阿拉伯国家的贵族头衔或军事统帅。

最终被处决。所以，千万别惹可汗。

在蒙古人攻占的很多地方，文化、历史和著述被彻底摧毁，众人流离失所，死者不计其数。这在某种程度上也有好的一面：商路沿线的统一和稳定带来了跨大陆的文化交流，帮助欧亚大陆的很多地区启动了现代进程。不利的方面在于，在交流文化的同时，他们也传播了疾病，其中包括导致数百万人丧生的黑死病。

这一切的起因，就是一个自尊心过于脆弱的家伙认定外交是失败者的选择，而简单的贸易请求背后必然隐藏着某种邪恶的阴谋。阿拉乌丁·摩诃末，你搞砸了，我的娃。

另外四个国际关系上的重大失误

阿塔瓦尔帕

印加帝国的统治者，在 1532 年，面对西班牙的入侵，他犯了跟蒙特祖马类似的错误，而且更要命的是，他在会见西班牙人之前喝醉了，直接把自己的军队领进了一个非常明显的陷阱。

沃蒂根

公元 5 世纪的不列颠统治者，据说在罗马人撤军后，为了防御皮克特人，他邀请撒克逊雇佣兵进驻不列颠替他打仗，而最终撒克逊人决定干脆彻底接管不列颠。

弗朗西斯科·索拉诺·洛佩斯

不要命的巴拉圭领导人，敢向巴西、阿根廷和乌拉圭等相对来说大得多的国家叫板，跟这三国的同盟开战。据估计，他的国家有半数以上的人口因此丧生。

齐默尔曼电报

在 1917 年，德国给墨西哥发了封密电，表示如果美国参加一战，那么德国愿意跟墨西哥结成军事同盟，并承诺战胜后会把得克萨斯州、新墨西哥州和亚利桑那州分给墨西哥。结果这份密电被英国截获并破译，受到刺激的美国就参战了（而墨西哥根本没兴趣趟浑水）。

第九章

狗屁技术热潮

正如前面提到过的，人类总想探索，总想找新的地平线，这种冲动是我们的一个本质特征。也正是这种探索和发现新知的冲动，促使美国国家航空航天局在 1998 年将火星气候探测者号送入广袤空旷、黑暗虚无的太空。

几个月后，这个轨道器就像白痴一样坠毁在一堆岩石上。

大约 500 多年前，哥伦布搞错了测量单位和计算结果，最终跑到美洲那里搁浅了；如今在 500 年后，为了让人们更深刻地记住人类一次次重蹈覆辙的能力，探测者号幕后的那些家伙也弄错了测量单位和计算结果，最终让飞行器在火星上搁浅。

作为人类历史上又一次伟大进步，科学革命始于 16 世纪欧洲各地的哲学家相互交流的信件和书籍。一开始，这与其说是一场革命，不如说是一次补课，因为其中有相当长的一段时间，他们不过是在重新发现以前的文明已经掌握的知识。但是在其后几个世纪里，与环球旅行、征服和贸易相伴，总是渴望新知识和新技术的我们，对世界的认识有了爆炸性的增长。这不仅给了我们很多科学知识，还给了我们科学这个概念，让我们认识到科学是一门自有其方法的独特学科，而不仅仅是改头换面的“有一点点想法”。

技术变革的步伐继续加快，直到17世纪和18世纪，在整个英国北部的城镇，在来自美洲奴隶种植园的廉价棉花刺激下，又一场革命开始了。这一次是制造方法上的革命，机器兴起带来的大规模生产将蔓延到世界各地，并将永久地改变我们的城市、我们的环境、我们的经济，以及我们在凌晨3点醉醺醺地登录亚马逊网站订购打折足浴盆的能力。

科学、技术和工业时代的黎明给人类带来了祖先从未梦想过的机遇。不幸的是，这也给了我们在前所未有的规模上惨败的机会。当哥伦布搞错测量单位时，至少他能犯的错误还局限于地球表面。现在，不幸的火星气候探测者号证明，我们已经把娄子捅上了太空。

在任务开始几个月之后，探测者号的故障才逐渐显现，当时地面指挥中心试图微调飞行器以使其保持在预定轨道上，但是没有达到预期效果。最终，飞行器总算到达火星并试图进入轨道，不料却几乎立刻与地面控制失去联系，直到这时他们才真正意识到问题有多严重。

事后调查表明，探测者号使用标准的公制单位牛顿秒来测量冲量（机动中施加的总推力），但在地面的计算机上，由承包商提供的软件却使用英制单位磅秒。每次飞行器的发动机点火，推动效果都是预想的 4 倍多，因此最终飞行器距火星表面的实际高度比预定高度低了 100 多英里。于是，当试图进入轨道时，它实际上是狠狠地撞上了大气层——价值 3.27 亿美元的尖端航天器几乎瞬间变成碎片。

这肯定让美国国家航空航天局很难堪，但或许能让他们感到一丝安慰的是，在把科技活动搞得一团糟这方面，他们一点儿也不孤单。另一个例子不是来自太空竞赛，而是来自另一种完全不同的竞赛：在 1969 年，美国各地的科学家正在与苏联同行比赛，看谁能抢到一个革命性的新发现，也就是一种全新水形态的奥秘。

当时正值冷战的高潮时期，劳神费力的意识形态决战不仅仅发生在地缘政治博弈、核边缘政策以及阴暗的谍报领域，它还催生了共产主义世界与资本主义世界争相展示科技和工程实力的竞赛。新的发现和技术突破让人目不暇接，每个人都害怕被敌人甩出太远；那年 7 月，在苏联取得航天领域的一个又一个“第一”之后，受到强烈刺激的美国政府终于扳回一城，首次把人类送上月球表面。

在所有这些电影般宏大的突破中，一种新奇的水形态起初看来不过是雕虫小技。1961 年，在一个远离主要科学中心的苏联省级实验室，科学家尼古拉·费佳金首次发现了它，但是直到莫斯科物理化学研究所的鲍里斯·杰里亚金获知他的研究成果之后，人们才意识到这一发现的潜在重要性。杰里亚金很快重现了费佳金的实验结果，而且不出所料，他很乐意把这一发现的功劳算在自己头上——但是在苏联以外，仍然很少有人关心此事。直到 1966 年，杰里亚金在英国的一次会议上介绍了他的研究结果，这才引起国际社会的注意。竞赛就此开始。

该发现最初被称为“异常水”或“后代水”，具有很多值得注意的特性。费佳金和杰里亚金发现，用超窄、超纯的石英毛细管冷凝水蒸气，或者迫使正常水从中通过，这个过程居然会导致水分子重新排列，从而彻底改变其化学性质。异常水不再是 0℃结冰，而是零下 40℃才结冰；它的沸点甚至更极端，至少高于 150℃，甚至可能高达 650℃。它比正常水黏度高，几乎没有多少液态成分，更黏稠，更润滑——有些描述说它像凡士林。如果你用刀切下去，会留下痕迹。

首先在英国，然后在美国，科学家开始重复那些苏联人的研究工作。这是一个困难的过程，因为使用毛细管也就意味着每次只能制备极微量的水：有些实验室根本无法掌握这种工艺，有些则遥遥领先，制备出了相对较多的异常水。紧接着，美国的一个实验室也取得重大突破：他们合成了足够多的异常水，从而能对它进行红外光谱分析。1969 年 6 月，也就是阿姆斯特朗登月前夕，他们的研究结果发表在了赫赫有名的《科学》杂志上；这篇论文把异常水的研究推向了白热化。它不仅证实了异常水与正常水截然不同的性质，还为此提出一种解释：他们的研究结果表明，这是一种聚合形态的水，由单个水分子连接起来形成了很大的网格结构，从而变得更加稳定。于是，“异常水”就成了我们如今知道的名字“聚合水”。

1969 年 12 月，《大众科学》杂志详细讨论了聚合水作为冷却剂、发动机润滑剂、核反应堆减速剂等可能的用途，认为这一发现“肯定会给化学带来一场革命”。它可以解释很多自然现象，比如黏土中发现了聚合水，所以除非经过超高温下充分的煅烧，最终去除其中的聚合水，否则黏土就会一直保持糊状的延展性。聚合水或许还能解释天气，因为少量的聚合水就能引发云的形成。另外，人体中当然也存在聚合水。

这一发现可能会催生一个全新的化学分支，正如一些实验室所报告的，他们已经成功制备出其他一些重要液体的聚合形态：聚甲醇、聚丙酮。或者，更凶险的是，有人担心它可能用于军事，甚至它本身就是一种武器：其结构表明聚合水的能量状态低于正常水，因此一旦接触到正常水，有可能引发链式反应，导致日常水的分子重新排列，也变成聚合形态。理论上来说，只要在具有战略意义的水库或河流中加入一滴聚合水，那就有可能逐渐使整个水体变成糖浆，整个国家的供水都岌岌可危。

在《科学》杂志刊发那篇论文之后，美国政府很快就介入了。中情局特工听取了相关研究人员的汇报，急切地想要确保所有研究突破都掌握在美国人手中。从《纽约时报》到小城镇的报纸，所有媒体都在紧张兮兮地讨论聚合水：咱美国落后苏联了吗？聚合水的研究被列为重点，优先划拨研究资金。仅在 1970 年，就有数百篇相关的科学论文发表。1969 年，当相关研究的启动资金落实之后，《华尔街日报》如释重负地写道："好消息是，美国显然已经缩小聚合水研究方面的差距，五角大楼正在为相关努力提供资金，协助美国的聚合水技术超过苏联。"

看到这儿你可能已经猜到了吧？我的意思是，这本书你已经看了很多页，你应该能相当明显地意识到，聚合水的故事并没有以科学的凯旋而告终，没有为众多研究者赢得赞誉，更没有孕育出诺贝尔奖得主。但是直到 1970 年代初期，在遍布多个大陆的众多顶级实验室和一流科学家研究数年之后，真相才终于浮出水面：

世上没有聚合水这种东西，它根本就不存在。

其实，费佳金和杰里亚金所发现的东西，也是世界各地的科学家多年来想尽办法去追寻、重现和研究的东西，更准确地来说就是"脏水"。那些据说属于聚合水的神奇特性，不过是所谓无污染的试验设备渗入了杂质引起的。

美国科学家丹尼斯·鲁索对聚合水持怀疑态度，所以在一次手球比赛之后，他从自己的运动衫上拧出了几滴汗水，然后拿去做光谱分析，结果近乎完美地重现了聚合水的分析结果。这就是冷战时代各个大国拼命想要控制的神秘物质——汗水。

好尴尬。

其实这件事从始至终都有很多怀疑的声音——许多科学家都觉得，这个发现听起来难以置信；甚至有科学家宣布，如果聚合水被证明是真实存在的，那他就彻底退出化学界。但是有些东西往往很难证伪，尤其是当时的研究者都暗自担心，如果他们的聚合水没有表现出应有的特性，那原因就只能是他们一开始就没搞对。制备所谓的聚合水本来就很困难，再加上冷战时代科学研究的狂热氛围，这就使得遍布几个大陆的科学家只想看到据说应该出现的结果，并且会非常夸张地过度解读那些模糊或者矛盾的结果。整个事件就是打着科学旗号的一厢情愿。

事实上在 1970 年，《科学》杂志也发表过首批质疑聚合水的论文，但是尽管如此，还是直到很多年之后，大家才终于承认整件事从头到尾就是个错误。作为持怀疑态度的科学家之一，埃里森·泰勒最终帮着证明聚合水纯属子虚乌有。1971 年，他在橡树岭国家实验室的内部期刊上写道："我们从一开始就知道他们是错的，而且我觉得很多从未掺和这事儿的人也知道，但是那些主要倡导者丝毫没有承认错误的迹象。"1973 年 6 月，《大众科学》甚至发表了一篇题为"怎样才能制备出聚合水"的文章，而且副标题是"有些专家声称这种稀有物质并不存在。然而，这里就有正确的方法，让你能制备出足够多的聚合水用来做实验。"

这种事儿绝对不是只有这一次。当然，在科学最初的几百年里（那时甚至还没有"科学"这个词），曾经有过很多盛行的理论最后被证明是完全错误的——在18世纪有所谓的燃素，一种潜藏在所有可燃物中的神秘物质，燃烧发生时就被释放出来；在19世纪有发光的以太，一种看不见的物质，弥漫在宇宙中，光就通过它来传播。但是，它们至少是想解释一些当时科学无法解释的东西——在某种程度上来说，科学研究本该如此。

科学一向表现得相当不错，至少在理论上来说，这是因为科学始于一个明智、自谦的假定：我们对世界运转方式的大多数猜测都将是错误的。科学会沿着大致正确的方向前进，但这是一个逐渐减少错误的缓慢过程。科学本应该这样搞：你对世界可能的运行方式有个想法，为了弄清楚这个想法是否有可能是正确的，你会非常努力地去证明自己是错的。如果这一次你没能证明自己是错的，你就要再次证明自己是错的，或者换一种方式来证明自己是错的。过了一段时间，你决定告诉全世界你没能证明自己是错的，这时其他人也会试着证明你是错的。如果他们全都没能证明你是错的，慢慢地，人们就开始接受你可能是对的，或者至少比其他选择错得少。

当然，科学实际上并不是那样搞的。科学家跟普通人一样，容易假定自己的世界观是正确的，并且忽视与之相反的一切。正因如此，科学既有的各种安排，比如同行评审和重现等等，就是为了阻止这种情况发生。但这远远做不到万无一失，因为群体迷思、追逐潮流、政治压力以及意识形态的有色眼镜等这些东西，也都掺杂在科学之内。

正因如此，你才能在不同国家的不同机构里发现一大帮这样的科学家，他们都相信自己能看到这种假想的物质。聚合水的传说并不孤单：时间再回退60年，科学界的注意力完全被一种全新的辐射吸引。这些引人注目的新射线（最终将会被证明完全是虚构的）被称为N射线。

N射线“发现”于法国，它们的名字N来自南锡镇，最早发现它们的科学家勒内·布隆德洛就在那里工作。布隆德洛是个优秀、勤奋的实验物理学家，曾经两次获得法兰西学院的大奖，广受尊重。当时是1903年，距离X射线的发现过了快10年，所以人们已经在热切期待着能在随便什么地方发现新型辐射。更重要的是，就像聚合水一样，这场游戏中也存在同样激烈的国际竞争——X射线是德国人发现的，所以法国人也渴望争得一席之地。

布隆德洛最先偶然发现了N射线——事实上，当时他正在研究X射线。他的实验设备包括一个很小的电火花，当有射线经过时，火花会变得更亮。有一次，他看到火花突然闪了一下，而当时不可能有X射线影响到它，于是这引起了他的注意。他做了更深入的研究，收集了更多证据，并于1903年春天在《法兰西学院会议录》上向世界宣布他的发现。很快，科学界就有很多人为N射线发狂。

在接下来的几年里，将有120多名科学家就N射线的显著特性发表300多篇论文（其中布隆德洛本人发表了26篇）。N射线表现出来的特性当然是……耐人寻味。它可以产生于某些类型的火焰、加热的铁片以及太阳。布隆德洛的同事奥古斯丁·沙尔庞捷发现，它们也可以由青蛙、兔子、二头肌和人脑等生物体产生。N射线可以穿过金属和木头，也可以通过铜线传播，但无法穿过水和岩盐。它们还可以储存在砖块中。

不幸的是，并非每个人都能成功地产生和观察到N射线。不少有声望的科学家似乎根本无法让它们现身，尽管布隆德洛已经非常详细地描述了他的方法。这或许是因为它们很难检测：到这时，布隆德洛的探测工具已经不再是火花，而是换成了一块磷光板，受到射线照射就会发出微光。问题是，磷光板的光太微弱，所以最好在一个完全黑暗的房间里观察，并且要等实验者的眼睛在黑暗中适应30分钟之后。哦对了，实验者还应该用眼角的余光去观察，而不是直视磷光版，这样效果最明显。

因为，先让你在黑屋子里坐上半小时，再让你用视觉的边缘去观察非常微弱的辉光，那你的眼睛“当然”就绝不可能欺骗你了。

有很多人对N射线持怀疑态度，他们不禁注意到，N射线狂热有一个很能说明问题的特征：几乎所有能够产生N射线的科学家都是法国人。有两三个例外出现在英格兰和爱尔兰，而德国和美国都没有任何人成功地观察到N射线。这不仅仅引起怀疑，还导致了公开的不满：布隆德洛因该研究获得法兰西学院颁发的法国科学界最高奖项，而德国著名的辐射专家海因里希·鲁本斯则被皇帝召见，被迫浪费两周时间来重现布隆德洛的研究，最后非常丢脸地放弃了。

在听说这一切之后，正在欧洲开会的美国物理学家罗伯特·伍德顿生好奇，因此决定前往布隆德洛在南锡的实验室一探究竟。布隆德洛很高兴地欢迎他的到来，并且十分乐意向他展示自己的最新突破；伍德则是心里另有小算盘。神秘的N射线有一个最为奇怪的特性：就像光线可以透过玻璃棱镜发生折射一样，N射线似乎可以透过铝棱镜发生折射，从而在底板上产生射线光谱图案。布隆德洛急切地给伍德演示这个实验，并且大声读出了光谱图的测量值。然后伍德问他是否愿意重做一次实验，布隆德洛爽快地同意了，于是伍德引入了一个恰当的对照实验——或者换句话说，他给布隆德洛玩儿了个颇为搞笑的花招。

在黑暗之中，趁着布隆德洛没注意，伍德伸手把棱镜装进了口袋。布隆德洛并未察觉自己的实验设备少了一个关键部件，所以他继续读出了本来不应该还存在的光谱波长结果。

1904年秋，伍德给《自然》杂志写了一封信，礼貌但残忍地总结了他的发现："在花了三个多小时见证他的各项实验之后，我不仅无法报告哪怕一个似乎能表明N射线存在的观察结果，而且还非常坚定地确信，那些获得阳性结果的少数实验者都是以某种方式被欺骗了。"在那之后，人们对N射线的兴趣就消散了，只剩布隆德洛和另外几个真正的信徒仍在坚持不懈，决心证明他们一直以来研究的东西并非海市蜃楼。

聚合水和N射线的故事都颇具警示意义，告诫我们即便是科学家，也有可能被那些影响普通人的世俗偏见坑害。但是，这两个故事也说明了科学……嗯，真的有用。事后来看，尽管这两次科学狂热让很多高素质的专业人士非常尴尬，但它们都没过几年就被质疑和谨慎的求证击溃了。加油！

如果说这些例子相对无害，那么还有很多实例可以证明，伪科学造成的后果绝不仅仅是让某些人名誉受损，就比如弗朗西斯·高尔顿留下的祸害。

弗朗西斯·高尔顿无疑是个博学的天才，但他同时也是一个诡异的怪人，有着可怕的念头，酿成了严重的后果。作为查尔斯·达尔文的姑表弟，高尔顿在多个学科中取得过突破：他是科学统计的先驱，发明了相关性的概念；在气象学和法医学等众多领域中，他取得的开创性成果至今仍影响着我们的生活，比如天气地图和指纹的应用。

他痴迷于测量，喜欢把科学原理应用于他所遇到的一切——《自然》杂志曾刊印过他寄来的信件，在其中一封信中，他估计了画家给他画完肖像总共画了多少笔（坐在那里不动让他感到很无聊）；还有一封信写于1906年，题为“用科学的方法切圆形蛋糕”（简单来说就是，不要切成楔形，而是直接从中间切下长条形吃掉，这样你就可以把剩下的两半蛋糕推到一起，防止切口那里变得干巴巴的)。

他甚至提出了极端英式的下午茶生活小妙招。不过他的痴迷绝不仅仅表现在这些方面。在一项更加恶名远扬的调查中，高尔顿走遍了英国的城镇，想绘制一张地图来说明哪个地方的女性最有吸引力。他会坐在公共场所，用一个藏在口袋里的装置，偷偷给每个走过的女人打分，记录下他对她们的性吸引力的看法。他的那个装置叫"刺针"，是一个里面有根针的套筒，可以在一张作了记号的纸上扎出小孔。这项调查的最终产物是英国的"颜值地图",跟他的天气地图很像。根据这张颜值地图，伦敦的女人最有魅力，阿伯丁的最没吸引力。这样一个变态统计学者，偷偷摸摸地用藏在口袋里的针记录女人的性吸引力，他的品位恐怕不能作为最客观的衡量标准。

一方面有着测量人类特征的强烈冲动，另一方面又完全不尊重观察对象真实的人性，正是这两种品质的诡异组合，导致高尔顿为科学界做出了最臭名昭著的"贡献"：创立并鼓吹"优生学"。他坚信天才完全是遗传的，一个人的成功仅仅取决于内在的本性，跟运气或境遇无关。因此他认为，应该用金钱或其他手段鼓励适合生育的男女结婚，以改善人类种群；而对那些拖了人类后腿的家伙，比如弱智或穷鬼，就应该强烈劝阻他们生育。

20 世纪初，全世界都在大搞优生运动，此时即将走到生命尽头的高尔顿被当成了英雄。在美国，有 31 个州通过强制绝育的法律——直到1960年代，最后一个这样的法案才终于被废除，其间美国各个精神病院有6万多人被强制绝育，其中大多数是妇女。在瑞典促进“种族卫生”的运动中，也有近似数量的人被绝育，而相关法律直到1976年才被废除。当然了，还有纳粹德国……嗯，你知道那里发生了什么。假如高尔顿足够长命，亲眼看见后来那些人在他创造的“科学”名义下干的那些坏事儿，他肯定得吓死，但这也不足以弥补他最初的想法犯下的大错。

还有一个反面典型是苏联农学家特罗菲姆·李森科，他影响深远的错误思想导致了苏联和中国的饥荒。与高尔顿不同的是，李森科甚至没有真正站得住脚的科学成果来平衡他造成的祸害。他实在错得太离谱了。

李森科出身贫寒，但是由于他早年在育种方面取得了一些成功，使得作物可以在入冬前成熟，所以他很快进入苏联农学界，并且成了斯大林的宠儿。这让他掌握了足够大的权力，得以把自己的思想强加于整个苏联科学界。

李森科的那些想法并不正确，甚至都沾不上正确的边儿，但是架不住他那些抱有意识形态偏见的主子喜欢。尽管到了1930年代，遗传学已经是一门相当成熟的学科，但李森科彻底摈弃了它，甚至否认基因的存在，理由是它宣扬个人主义世界观。遗传学认为生物体的行为是固定不变的，而李森科认为改变环境可以改善生物体，而且那些改善的成果可以传给后代。

在适当的环境下，一种作物甚至可以转变成另一种。他教导农民作物应该进一步密植，因为同类植株绝不会相互争夺资源。

这些理论全都是错误的，而且更重要的是，它们错得非常明显。事实也证明，把这些理论付诸实践最终导致了大面积的庄稼死亡。但是这并没有阻止李森科继续掌握政治权力，他打压任何批评，致使苏联有数千名生物学家被开除、监禁甚至杀害，就因为他们拒绝放弃遗传学，不肯接受李森科主义。直到赫鲁晓夫在 1964 年被迫下台，其他科学家才好不容易让苏共相信李森科是个江湖骗子，悄悄把他赶了出去。他留下的祸害造成数百万人死亡，致使众多苏维埃成员国的生物学领退几十年。

如果说李森科在生物学领域的错误完全是因为当时的苏共领导给了他机会，那么接下来的例子就是因为纯粹的资本主义——在短短十年间，有个人连续犯下科学史上最具灾难性的两个错误。

引入歧途

1944 年，天才工程师、化学家和发明家小托马斯·米奇利在家中去世,享年 55 岁。他的发现对现代世界产生了巨大影响。

你可能会想，躺在家中的床上离开人世，这听起来很安宁啊。米奇利可没这个福分。几年前，脊髓灰质炎发作导致他腰部以下瘫痪，而上下床要被人抬来抬去让他觉得是莫大的耻辱，所以他充分发挥自己的创新才能，造了一套精密的滑轮系统，这样他就可以自己上下床了。这一切本来非常顺利，直到11月那天出了点儿问题，结果他被自己那个装置上的绳子勒死了。

他的死法儿真是残忍得讽刺，但这不是他在本书中出现的原因。我之所以拿他出来说事儿，是因为被自己发明的装置弄死在床上，甚至排不上他此生所犯最严重错误的前两名。

事实上，几乎无论以什么标准来衡量，我们都应该把他列为史上最具毁灭性的人之一。

米奇利天资聪慧，寡言少语，一生大部分时间都在俄亥俄州的哥伦布市度过。生于发明世家的他几乎没有接受过任何化学训练，但天生就有一种跨学科解决问题的本事——他善于系统性地分析问题，又喜欢随意但顽强地尝试一个个解决方案。

在1910和1920年代，他致力于解决汽车发动机的“爆震”问题。所谓爆震，就是发动机会发出异响和抖动，尤其是在承受压力时。这个存在已久的问题，不仅使早期的汽车开起来有点儿差劲，还降低了燃油效率——要知道，那时可是有很多人担心世界的石油供应迟早会耗尽。

米奇利和他的老板查尔斯·凯特林怀疑，发生爆震是因为燃料燃烧不均匀，而不是因为发动机的设计存在根本缺陷，所以他们开始寻找能减轻这种影响的添加剂。最初，由于一些毫无道理的原因，他们就认准了解决方案是“红色”。米奇利出去想拿些红色染料，但实验室没有。不过，有人告诉他碘是泛红的，而且易溶于燃油，于是他基本上就是说了句“管他呢”，然后就把好多碘倒进汽油里，启动了发动机。

结果居然奏效了。

这完全是歪打正着，但他们却无意中发现他们原来走对路了。碘本身并不是可行的解决方案：太贵了，而且很难达到所需的产量。但这足以说服他们继续下去。在随后几年里，他们尝试了大概 144 到 33000 种不同的化合物——具体是多少种，这要看你相信哪份公司声明了。如果你觉得这个范围太不精确，好吧，他们背后的那些公司之所以对研究过程含糊其辞，其实是有原因的。

原因就在于，他们最终选定的物质是铅，确切地说是一种叫作四乙基铅的液态化合物，简称 TEL。铅是致命的有毒物质，会导致高血压、肾病、胎儿畸形、脑损伤等诸多疾病，对儿童的影响尤其严重。

米奇利的故事常被当作“意外后果”的例子，但是……这真不见得是意外。当然，“毒害全球几代人”的确不是他的目标。同样地，那些参与加铅汽油的生产和推广的人，谁也别想觍着脸说，“哦不，多么可怕的意外啊，真是没想到。”

铅的毒性并不是什么新发现，真的是几千年前就知道了。1923 年初，新型的抗爆燃料还没投入使用，当时就有医学专家警告说这是个非常非常糟糕的主意。美国公共卫生署的威廉·克拉克在一封信中写道，使用四乙基铅“对公众健康构成了严重威胁”；他还非常准确地预测，“在繁忙的交通要道上，氧化铅粉尘极有可能会残留在地表以下的地层中。”

1924年，一位杰出的毒理学家做出了更加令人不安的准确预测：“铅中毒的发生和发展将非常不易察觉，等到公众和政府醒悟之时……加铅汽油几乎已经无处不在。”

问题是，铅似乎并不是唯一可用的解决方案。在用碘取得突破之后的几年里，米奇利的团队已经搞出很多有效的抗爆剂，其中一种抗爆剂简单得令人惊叹，它就是乙醇，也就是人们常喝的酒精。本身就是燃料的酒精既可以给肉体的伤口杀菌消毒，也可以暂时清洗和抚慰情感的伤口，还可以作为有效的抗爆添加剂——不仅效果好，而且价格便宜，易于大规模生产。

事实上，多年来米奇利的团队一直支持用乙醇作为发动机爆震问题的完美解决方案。那么，为什么他们放弃乙醇，而选择大家都知道毒性大得要命的铅呢？答案就是为了钱。这是不是让你感到很震惊？

乙醇太容易生产、太便宜了。而且至关重要的是，用乙醇不能申请专利。在1918年，米奇利老板查尔斯·凯特林的公司德科被巨头通用汽车收购，他的研究团队面临压力，需要拿出成果证明他们能赚来真正的钞票，而不只是搞些不切实际的修修补补。乙醇太容易制造了，自己在家都能搞，根本别指望把它变成专利产品，想靠它赚大钱自然是不可能的。于是他们选择了铅。

你觉得可怜的托马斯·米奇利只是个没有恶意的发明家，而他的研究成果被一些险恶的财阀给滥用了？你可拉倒吧。事实上，恰恰是他强烈建议并鼓吹使用铅的。他甚至做了数学计算，每卖一加仑的加铅汽油，他们可以额外多收三美分；他还预测通过声势浩大的广告宣传，他们可以夺取汽油市场 20% 的份额。像在很多其他问题上一样，他在这一点上也判断错了，严重低估了研究成果的影响：仅仅用了十年多一点儿的时间，四乙基铅汽油就占据了美国市场 80% 的份额——当然，他们非常狡猾，在宣传和销售时使用“乙基”作为商标，故意漏掉了学名中的“铅”。

从始至终，通用汽车和米奇利都坚称它是安全的，尽管其间出现了很多“警示标志”，而且全是闪着霓虹灯的巨大标志。比如在 1923 年 2 月，当乙基首次上市销售时，米奇利本人就因吸入含铅烟雾而身体不适，不得不放下工作休养了整整一个月。再比如，在生产加铅汽油的工厂，一直有很多工人非正常死亡。在新泽西州的贝威工厂，有 5 名工人死于铅中毒，还有 35 名工人住进了医院，铅对神经的毒害作用还致使很多患者精神失常——“病人变得极为狂躁，大喊大叫，上蹿下跳，还砸家具，表现得就像是发酒疯。”有份报告这样写道。在新泽西州的深水工厂，有 6 名工人死亡，工人普遍因铅中毒而出现幻觉，以至于工厂被他们改名为“蝴蝶之家”，还登上了《纽约时报》的头版。面对公关危机，乙基的销售被暂停，美国卫生署长急忙成立了一个委员会来确定其安全性。

于是，乙基汽油集团背后的那些公司，也就是通用汽车、标准石油和化学巨头杜邦，他们联手跟公众和政府打起太极，成功把那场公关危机变成公关大捷。而且，在20世纪剩下的时间里，他们的操作手法还成了后来各路“作死”企业效仿的样板。

这就是典型的“负责人回答了完全错误的问题”。当时公众关注的焦点是生产阶段造成的死亡人数，而因为这个焦点过于突出，最终卫生署长指派的委员会就只对这一个问题下了结论。米奇利在证词中说“四乙基铅不是危险的有毒物质，而只是具有潜在危险”；那些公司也保证，将会在他们工厂中采取额外的安全措施。于是委员会就信了，决定不禁止其生产。至于另一个更加严重的问题，也就是吸入尾气的公众会受到怎样的影响，委员会从未给出结论：依照惯例，那是一个有待未来研究的问题。但是对于公众和政客来说，委员会的决定就等于给加铅汽油开了一张完全清白的健康证明。

假如你很好奇，想知道那个“未来研究”的下文，那我告诉你，在其后40多年里，几乎所有研究要么由生产加铅汽油的公司资助，要么由他们自己的员工完成。让人震惊的消息是，这项研究没有定论！这正是所有生产四乙基铅的公司想要的结果：问题仍然悬而未决，就此禁售这种让很多人梦想成真的可爱燃料，那将是非常非常糟糕和错误的决定。

一旦加铅汽油得到警报解除的信号，它的使用也就没了任何限制。它不仅让现有的汽车发动机不再爆震，还使研发更强劲的新一代发动机成了可能，从而把实用但笨拙的老破车变得快速平稳、线条流畅，人人争相购买。一场声势浩大的广告宣传就玩起了恐吓营销：如果不使用加铅汽油，那你就会拥有一辆缓慢、蹩脚的汽车。竞争对手的产品，包括那些使用乙醇的，都被嘲讽为不合格，尽管乙醇曾经是米奇利团队倡导了好几年的方案。当其他国家有人担心引入加铅燃料可能损害公众健康时，支持者就用“美国人说它简直完美”来消除那些顾虑；卫生署长休·卡明甚至与国外的同行交流，告诉他们加铅燃料是多么安全。

烂得让人悲哀的科学，贪婪的赚钱欲望，马力强劲的汽车开起来更酷、跑起来更远的事实，有了这些东西作为强大后盾，加铅燃料迅速成了世界各地的标准。由于石油开采行业的进步，当初促使人们研究抗爆剂的所谓燃料短缺问题从来没有发生，因此加铅带来的全部好处无非就是有利于制造更强劲的发动机。汽车时代来了，同时在全球范围内，越来越多的人开始吸入含铅的尾气。

铅的问题在于它不会降解。有些毒素的危害会随着时间的推移而降低，但是铅会在空气、土壤以及动植物和人类的体内累积。1983 年，英国环境污染皇家委员会的一份报告得出结论认为，“地球上不大可能还有任何地方或者任何生命形态未遭受人为的铅污染。”儿童的健康尤其受到威胁，因为他们吸收的铅含量是成人的 5 倍。据估计，从 1920 年代到 1970 年代，仅美国就有 7000 万儿童血铅超标。

铅的影响非常严重。据世界卫生组织估计，全世界每年有数十万人死于铅中毒引发的疾病，比如心脏病。除影响身体健康外，铅还会损害儿童的神经发育，导致智商水平下降；据估计，全世界有超过 12% 的智力发育障碍因此而起。

铅还会导致行为问题，比如反社会行为，这可能是米奇利的研究造成的更为可怕的后果之一。需要指出的是，到目前为止，这还只是个未经证实的假设，但已经有一些研究者指出，战后世界上很多地区犯罪率的激增与铅污染的加重有明显的对应关系。

这些犯罪率导致了很多随意的文化假定，比如凶悍的青少年、市中心的地狱以及 1990 年代诸如“超级捕食者”[1] 之类的讨论。这种犯罪率的激增其实是历史上的反常现象，一个难以解释的全球变故，现在似乎已经过去了（但愿如此）。但是在一个又一个国家中，不管他们有着怎样的社会状况或政治方向，

[1] 上世纪 90 年代，美国青少年犯罪问题严重，国会于 1994 年出台《暴力犯罪控制与执法法案》。在某次支持该法案的演讲中，希拉里·克林顿将犯下严重暴力案件的青少年称作“超级捕食者”（super-predators）。

从引入加铅汽油开始又过了二三十年，也就是第一批接触加铅汽油的儿童长到十几二十出头的时候，犯罪就开始激增。这种相关性也适用于犯罪率的下降：最近几十年里，世界上很多国家的暴力犯罪都出现下降，不管他们可能实施了怎样的社会政策。但是，这次犯罪率的普遍下降，似乎确实都发生在特定地区禁用加铅汽油之后的二十年前后——禁用加铅汽油越早的地方，下降发生得也越早；而跟逐步淘汰加铅汽油的地方相比，在一下子就彻底禁用的地方，犯罪率下降发生得更快。

再说一遍，相关性当然不等于因果关系，这目前仍然只是有依据的推测。我们不能给一大帮孩子注射铅，然后等着看二十年后他们的犯罪率——这显然违背伦理和法律。因此，这个推测可能永远没办法证实。但是，除了可能有数百万人死亡之外，就因为托马斯·米奇利想每加仑汽油多赚三美分，我们已经污染了地球每一个角落，让好几代孩子的智力被血液中的毒素影响（顺便说一句，正是这几代人在过去四十年来掌管着全世界），我们还有可能引发一场持续数十年的全球犯罪浪潮，并且彻底改变我们的社会观——所有这些事实、认知和可能性……嗯，真是一个听起来好长、好黑暗的笑话。

在发明加铅汽油之后，米奇利仍然没闲着。作为一个多面手，他很快就转移到其他研究领域——毕竟还有第二个灾难性的错误等着他去犯呢。

之前的燃料研究花了数年之久，但是这一次他很快就成功了。事实上，根据公司的传闻，接手问题后米奇利总共只花了三天时间就找到了解决方案。与加铅汽油的情况不同，这一次真的只是意外：没有任何可怕的警报被忽视，也没有任何风险被掩盖。他只是在没有任何证据的情况下，假定一切都会很好。

这一次，米奇利面对的问题是制冷。那是 1928 年，机械制冷的时代刚刚开始没多久（在此之前，采冰是一个大行业，大量的冰在寒冷地区切割后运出，这样生活在温暖地区的人就可以把东西冷藏起来）。让人头疼的是，当时用于制冷的物质都很昂贵，而且极其危险：要么容易起火，要么大量泄漏时会让人中毒——就在米奇利开始研究制冷的第二年，克利夫兰一家医院的制冷设备发生氯甲烷泄漏，导致 100 多人死亡。

这自然就在一定程度上阻碍了制冷技术的推广。

因此米奇利的目标很简单：找到一种廉价、无毒、不易燃且制冷效果同样出色的物质。通用汽车刚刚收购一家制冷公司，并将其更名为弗利吉戴尔；他们知道，如果能攻克这个难题，他们就发了。

这次米奇利的方法就没那么随意了（毕竟这时他在化学方面已经有了十多年经验）。在研究已知制冷剂的化学性质之后，他很快确定氟是有希望的候选物质，理想的情况是氟与碳的一种化合物，用碳来中和氟的毒性。他几乎是一击而中，因为在团队造出来接受测试的首批物质中，就有这个二氯二氟甲烷。如今，人们更熟悉他们给它起的商标名称——氟利昂。

在美国化学学会的一次会议上，为了证明它的安全性，米奇利深深吸了一大口氟利昂，用它吹灭了一支蜡烛。无毒，不可燃，一种极好的制冷剂。简直完美。事实上，他不单纯是发现了一种新的化合物，而是发现了一类全新的化合物，它们全都具有相似的性质，后来被统称为氯氟碳化合物，又称氯氟烃，常用的缩写是 CFCs。

不幸的是，1930 年代初，甚至没有人真正知道"臭氧层"是个啥东西，更没有人知道平流层中这个薄薄的氧分子带到底有多重要。他们当然也不知道，在海平面上完全无害的氯氟烃，进入高层大气之后就会变得非常危险：在那里，来自太阳的紫外辐射会导致氯氟烃分解，分解出的游离的氯原子会破坏臭氧，夺走地球阻挡紫外线的护盾。

公平地说，他们也没料到最终氯氟烃的应用范围会远远超出制冷。人们很快就发现，这些令人兴奋又极其安全的新化合物还有很多其他用途——尤其是用作气溶胶喷雾中的喷射剂。讽刺而又有点黑色幽默的是，在二战期间和战后，氯氟烃被广泛用于喷洒杀虫剂，其中包括另一个经典的大规模化学烂摊子，也就是导致婴儿出生缺陷噩梦的滴滴涕（DDT）。

战后气溶胶真的是飞速发展，从喷漆到除臭剂无处不在。它们还以另一种方式真正地起飞：我们开始释放出大量氯氟烃，它们一路向上飞进平流层，在那里分解之后就开始一点点地消解臭氧层。

好消息是，这一次人类在它造成大规模死亡之前就意识到了这个问题。哇哦！人类加一分！1970年代（正值淘汰加铅汽油的首批措施开始落实），臭氧层中不断扩大的空洞及其与氯氟烃的关联也被发现了。随之而来的就是警告：如果臭氧以目前的速度消耗下去，人类将越来越多地遭受有害的紫外线辐射，过不了几十年，癌症和失明的发生率将激增。

因此，从1970年代到1990年代，全世界都在着手解决托马斯·米奇利留下的烂摊子，大多数国家都禁用或逐步淘汰了他这两项重大发明。我们仍然被环境中大量的铅所困扰——它们不会降解或消失，清理起来就是一场噩梦。不过好消息是，至少在大多数地方，孩子已经不会再吸入那么多铅了，而且现在很多孩子的血铅含量已经不再超标。呜呼！与此同时，由于氯氟烃已被广泛禁用，臭氧层正在缓慢地自我修复：如果一切顺利的话，到2050年前后，它应该就能回到米奇利惹祸之前的水平。加油！

这期间米奇利的名声也有了定论：《新科学家》评论说，他是"一个人的环境灾难"；历史学家约翰·麦克尼尔在《太阳底下的新鲜事》一书中写道，"他对大气的影响超过了地球历史上任何其他的单个生物。"

不过我们也可以说他塑造了现代世界，而且常常是以始料不及的方式。因为有了抗爆燃料，汽车不仅成了世界上很多地方的主要交通工具，还成了身份、地位和个性的体现。至于氯氟烃，它们不仅把家用冰箱变成现实，而且给我们带来了空调，如果没有这些东西，世界上很多大城市就不可能是现在的样子。他这两项发明甚至相辅相成：动力更强劲的车辆配上空调，不仅让频繁的长途驾驶成了现实，甚至成了一种享受。这里仅举两个例子：如果没有托马斯 · 米奇利的发明创造，美国西部和中东的大部分地区现在很可能是完全不同的景象。

这还引起了连锁反应，产生了更为广泛的文化影响——例如在美国，电影院率先安装了空调，帮着促进了大萧条时期影院作为休闲场所的普及，巩固了电影黄金时代的文化影响，使电影成为 20 世纪最典型的娱乐形式。基本上，我们想说的就是托马斯·米奇利发明了洛杉矶：一座靠汽车和空调运行的城市，也是电影业的发源地。

因此，下次当你坐进电影院，看一部愚蠢的好莱坞电影演一个警察随机应变打击犯罪狂潮时，请记住，几乎你的所有体验都可以归结为这样一个事实：小托马斯 · 米奇利认为他发明的化学物质是无害的，而且能让他每加仑多赚三美分。

六位被自己的科学研究害死的科学家

杰西·威廉·拉齐尔

美国医生杰西·威廉·拉齐尔不容置疑地证明了黄热病是由蚊子传播的——他让一只携带病毒的蚊子咬自己，然后他就死了，证明了他的理论。

弗朗茨·赖歇尔特

奥地利出生的法国裁缝，在1912年，他自信满满地从埃菲尔铁塔上一跃而下，想要测试他精心设计的新型降落伞服，结果摔死了——他本该先用假人测试。

达尼埃尔·阿尔西德斯·卡里翁·加西亚

秘鲁的医科学生卡里翁决定研究卡里翁氏病。当然，那时候这个病还不叫卡里翁氏病。他给自己注射了从患者的疣上提取的血液，结果一命呜呼，之后就有了卡里翁氏病。

埃德温·卡特斯基

1936年，这位医生想知道为什么可卡因（当时用作麻醉剂）有副作用。他给自己注射了大量可卡因，然后用越来越难以辨认的笔迹在办公室墙上潦草地写了一晚上笔记，再然后就死了。

卡尔·威廉·舍勒

瑞典的天才化学家，发现了氧、钡和氯等多种元素，但是他有个坏习惯，每次发现新物质他都要尝一尝——在 1786 年，他因长期接触铅、氢氟酸和砷等物质中毒而亡。

克莱门特·瓦兰迪加姆

这位律师开创了早期的法庭科学。为了给被控谋杀的当事人辩护，他一不小心开枪打中了自己，证明所谓的受害人可能也是一不小心开枪打中了自己。他死了，他的当事人被判无罪。

第十章
我作，故我在

说实话，现代世界真是个令人困惑的地方。

我们生活在科技和社会日新月异的时代。在很短的时间里，二三十年，或者十年，有时甚至不到一年，我们的生活方式就能发生急剧转变。一切似乎都在不断地更新，然而与此同时，我们又难以摆脱这样的感觉：我们不过是在以越来越快的速度一次次重蹈覆辙。不知怎么回事，我们始终看不到即将发生的错误。

正如我们在第一章中所说，我们准确预测和规划未来的能力向来不怎么样，而过去几个世纪以来不断加速的变化也没让这事儿有什么改观。当我们始终被闪闪发光、意想不到的新事物包围时，我们用来做判断的那些启发式方法就失灵了。在被越来越多的信息轰炸时，如果信息太多，超出我们的处理能力，我们当然就会知难而退，去挑选那些可以证实我们偏见的信息。

如果我们必须不断学习新东西，谁敢说我们就不会成为邓宁-克鲁格效应的牺牲品呢？

因此，我们生活在“第一”层出不穷的时代，而对于其中大多数“第一”，我们要么没有预见到它们会出现，要么就是忽视了那些已经做过的人。不幸的是，并非所有“第一”都是好事，不信你去问问玛丽·沃德。

玛丽·沃德是很多方面的先驱。1827 年，她出生于爱尔兰奥法利郡的一个贵族家庭，那可不是普通的贵族家庭：从小她身边就围着一群科学家，有些是亲戚，有些是那些亲戚的访客。她太幸运了，因为他们不仅培养了她对科学的兴趣，还能为她从事科学研究提供资金。看到年纪尚小的她对自然很感兴趣，父母就给她买了一台当时全爱尔兰最先进的显微镜。这是件很有启发性的礼物，因为结果证明玛丽喜欢并且擅长把显微镜下观察到的标本绘制成图。在十几岁时，她还绘制了帕森斯镇“利维坦”的结构草图。利维坦是个巨大的反射望远镜，口径 72 英寸，建造者是她的表兄、前英国皇家学会会长威廉·帕森斯；在 1917 年之前，它一直是世界上最大的望远镜。

长大成人后，玛丽开始跟很多科学家通信，科学家也因为赏识她的绘图才能，委托她为好几本书绘制插图。1857 年，因为嫌弃在售的显微镜图书质量太差，失望的她决定出版一本自己绘图的书。作为一个女人，她自然担心没有出版商会愿意接手，所以她自己掏钱印了 250 本。没想到书很快就卖光，而且引起了一位出版商的注意。这个出版商相信，有了她那些漂亮的插图和娟秀的字迹，或许这一次她的性别问题就可以忽略不计。这本《显微镜下的神奇世界》堪称出版业的巨大成功——在接下来10年里,这本书再版了8次,成了史上首批所谓的“科普”图书之一。

她的“科普”生涯并未就此止步——后来她又写了两本书，其中包括一本跟上述显微镜图书类似的望远镜图书，曾在1862年的水晶宫博览会上展出；她还为很多著名科学家的多本科学著作绘制插图；在多个杂志上发表文章，其中她对黄条背蟾蜍的研究颇受好评；她还是皇家天文学会邮寄名单上仅有的三个女人之一，剩下那两个，有一个是维多利亚女王。然而，她从未获得过学位，因为她是女人。

只不过……所有这些都是铺垫，因为尽管玛丽·沃德是个多才多艺的女性，有着非凡的人生，但这都不是我们如今记得她的原因。或许我们本该因此记住她，但事实并非如此，因为在1869年8月31日，帕森斯镇发生了一件事。那一天，42岁的她和丈夫亨利·沃德一起坐上一辆蒸汽机动车。这辆车是自制的（毕竟她身边总围着一群科学家），制造者是她表兄威廉·帕森斯的几个儿子。

在当时来说，坐上这样一辆车绝对是种全新的体验，是一个新时代即将到来的标志。早在一百多年前法国人就已经发明蒸汽机动车，但此时距离我们今天公认的汽车出现还要好多年。

那些车辆笨重又丑陋，人们普遍怀疑它们会损坏道路。尽管如此，它们还是引起了足够大的轰动，英国在 1865 年甚至通过了一项法律来管控它们的使用。不过，这样的车仍然很稀有，属于实验性的新奇玩意儿。在这个星球上生活过数不清的人类，但最早坐过这种车的人凤毛麟角，玛丽·沃德就是其中之一。

据记载，当时这辆车以每小时 3.5 英里的速度沿帕森斯镇的林荫路行驶，突然一个急转弯冲向了教堂旁边坎伯兰街的拐角处。或许就是倒霉；或许是路不平，只适合马车通行；或许那时他们还没有“急转弯”的概念，因为汽车和马车的操控大不相同，风险也不一样；又或许就是这样的体验太让玛丽兴奋了，一想到未来的发展前景就激动不已，而为了看到车下经过的路，她的身体可能探得太出去了。

不管是什么原因吧，总之当这辆车冲向街角时，略微向一侧倾斜，结果玛丽就从车里甩了出去，摔在了车轮下。她的脖子断了，几乎是当场死亡。

玛丽·沃德成了世界上第一个死于机动车交通事故的人。

你可以是很多方面的先驱，但你并不是总能决定你会成为什么先驱。如今，全世界每年估计有 130 万人死于车祸。麻烦的是，未来会继续以超出预期的速度到来，而我们也要继续挣扎着预测它。

例如在 1825 年，《评论季刊》预测火车没有前途。“认为火车头将来有可能跑得比马车快两倍，还有比这更明显的谬论吗？”该季刊反问道。

然后就到了 1830 年，英国议员、前国务大臣威廉·赫斯基森出席利物浦－曼彻斯特铁路的通车典礼。他和威灵顿公爵同坐火车从利物浦前往曼彻斯特，同行的还有很多其他达官显贵。为了给火车头加水，列车中途临时停车，乘客被告知不要离开车厢，但他们还是下了车。赫斯基森觉得，他应该去跟威灵顿公爵握个手，因为之前他们吵了一架。于是，当乔治·斯蒂芬森著名的“火箭号”机车飞驰而来时，他刚好站在对面的铁路上。乘客事先接到过提醒，当火车迎面开来时，他们要赶紧从铁轨上闪开，但不熟悉这一新情况的赫斯基森一下子慌了神，不知道该朝哪边躲。最终，他没有跟其他乘客一起站到远离铁路的地方，而是试图爬上威灵顿所在的那节车厢，没想到他拼命抓住的那扇车厢门突然打开，直接把他甩到了“火箭号”机车前面。于是，威廉·赫斯基森成了历史上第一个被火车撞死的人。

1871 年，阿尔弗雷德·诺贝尔谈到他发明的炸药时说：“跟你们国会相比，或许我的工厂能更快地结束战争：到了两个军团能在一秒钟内相互歼灭的那一天，所有文明国家肯定都会吓得退缩并解散他们的军队。”

1873 年，随着投机泡沫最终破裂，世界各地的股市都崩溃了，全球性的经济萧条持续了很多年。

到了 1877 年，诺贝尔话音刚落，加特林机枪的发明者理查德·加特林又给一个朋友写信说，他希望这项发明能开创一个人道主义的战争新时代。“我几乎每天目睹部队开往前线，而跟着士兵回来的是疾病和伤亡……我突然想到，如果我能发明一种机器，一种机枪，它能以极快的速度射击，让士兵变得以一当百，那它将在很大程度上取代大规模军队，从而大大减少士兵参战以及伤亡的机会。”他写道。

同样是在 1877 年，亚历山大·格雷厄姆·贝尔想把自己的电话专利权卖给西联电报公司，但这家公司的总裁卡尔·奥顿拒绝了，他说：“我们买个电动玩具有啥用呢？”

1888 年，芝加哥有个循道宗传教团缺钱花，然后他们就想出了所谓“流动募捐箱”的主意——他们寄出 1500 封信，乞求收件人寄给他们 1 角钱，然后再把信照抄 3 份寄给 3 个朋友。他们最终收到了 6000 多美元，尽管有很多人因为多次收到这封信而非常愤怒。连锁信就这样诞生了。

1897 年，著名的英国科学家开尔文勋爵预言“无线电没有前途”。同样是在 1897 年，《纽约时报》盛赞海勒姆·马克西姆发明的全自动机关枪，说它这么可怕定能吓阻战争的发生，必将成为“缔造与维护和平的恐怖杀器”，“因为它的毁灭性效果会让国家和统治者在发起征战之前更加谨慎地考虑战争的后果”。

1902 年，还是著名的开尔文勋爵，他在接受采访时预言飞越大西洋是不可能的，“不管是气球还是飞机都做不到”。过了 18 个月，莱特兄弟首次试飞成功。正如奥维尔·莱特在 1917

年的一封信中回忆说："当我和哥哥建造并成功试飞首架载人飞行机器时，我们自以为给世界带来了一项几乎能彻底消灭战争的发明。事实上，不只我们有这样的想法，法国和平协会也因此给我们颁发了奖章。"

1908 年，当奥维尔 · 莱特完成一次飞行表演时，托马斯 · 塞尔弗里奇中尉是机上的乘客。当他们绕着弗吉尼亚州的迈尔堡飞到第五圈时，螺旋桨断裂，飞机坠毁，塞尔弗里奇丧生（莱特死里逃生），成了历史上第一个在空难中送命的人。

1912 年，无线电的发明者古列尔莫 · 马可尼预言："无线电时代的到来将让战争不复存在，因为它将使战争变得荒谬。"话音未落，在 1914 年，第一次世界大战开打。

1929 年 10 月 16 日，耶鲁大学的著名经济学家欧文 · 费希尔预言，"股票价格看起来将永久保持在当前的高位水平。"八天后，全球股市大崩盘，因为靠唾手可得的借款吹起来的投机泡沫终于破裂。全球的经济萧条持续了数年；紧随金融危机而来的是，很多民主国家的选民越来越支持民粹主义的独裁政客。

1932 年，阿尔伯特·爱因斯坦预言："没有丝毫迹象表明（核能）将有可能实现。"

1938 年，英国首相内维尔 · 张伯伦与阿道夫 · 希特勒签署了《慕尼黑协定》，并在回国后预言说："我相信，这是属于我们这个时代的和平。"然后又补充道："都回家睡个安稳觉吧。"1939 年，第二次世界大战开打。

1945 年，曾在洛斯阿拉莫斯领导原子弹研制计划的罗伯特·奥本海默写道：“如果这种武器还不能让人相信结束战争的必要性，那实验室里出来的任何东西都不可能做到。”他的期望，以及诺贝尔、加特林、马克西姆和莱特的希望，全都落空了——地球上仍然有战争，万幸的是还没有过核战争（至少我写完本书时还没有），因此奥本海默或许可以凭点数胜出。

1966 年，著名设计师理查德·巴克敏斯特·富勒预言，到了 2000 年，“在普遍富裕的情况下，政治将逐渐消失”。

1971 年，俄罗斯宇航员格奥尔基·多布罗沃利斯基、维克托·帕察耶夫和弗拉季斯拉夫·沃尔科夫从空间站返回时，他们乘坐的联盟号返回舱骤然减压，导致他们成了第一批在太空中死亡的人。

1977 年，作为美国老牌电脑公司迪吉多的总裁，肯·奥尔松预言计算机业务将永远是个小众市场：“任何人都没有理由在家里摆台计算机。”1978 年，该公司的营销经理加里·蒂尔克在未经对方允许的情况下，通过阿帕网（最早的互联网）向大约 400 个收件人发送一封电子邮件，推销他们公司的产品。这是世界上第一封垃圾邮件。（据他自己说，这封邮件的效果很好：公司因此卖出了价值数百万美元的设备）

1979 年，在密歇根州福特汽车的一间工厂，工人罗伯特·威廉姆斯成了历史上第一个被机器人杀死的人。

2007 年 12 月，财经评论员拉里·库德洛在《国家评论》

上写道："没有即将到来的衰退。悲观主义者错了。衰退不会发生……布什主政下的繁荣依然生机勃勃。这种繁荣已经保持6年，今后仍将持续。是的，这仍是前所未有的最伟大故事。"同年同月，美国经济陷入衰退。在我写作本书时，拉里·库德洛还在担任美国国家经济委员会主任。2008年，全球股市崩溃，因为靠唾手可得的借款吹起来的投机泡沫终于破裂。全球的经济衰退持续了数年；紧随金融危机而来的是，很多民主国家的选民越来越支持民粹主义的独裁政客。

2016年8月，西伯利亚的亚马尔半岛暴发炭疽，一名12岁的男孩死亡，还有至少20名过着游牧生活的驯鹿牧民住进医院。该地区75年来从未发生过炭疽，这次疫情暴发正值酷暑，气温比正常温度高出25℃。热浪融化了西伯利亚厚厚的永久冻土层，数十年前形成的冰层裸露出来并开始解冻，其中就有1941年上次炭疽暴发时死掉的驯鹿尸体。

在冰层的保护下，病原体可以存活几十年、几百年甚至更久，但是并不活跃。自从俄罗斯的严冬击溃希特勒的军队，这种疾病就一直蛰伏在零度以下的冰层中，就等着冰封的牢笼融化那天。到了2016年，也就是有记录以来全球最热的一年，这一天终于来了，变暖的世界再次释放这种细菌，先是感染了2000多只驯鹿，然后又传染给了人类。

你可能忍不住想说，没人能预见如此诡异的灾难，但事实上，五年前就有两位科学家曾预言，愈加严重的气候变化恰恰会导致这种情况：永久冻土层将逐渐消退，并把那些长期关押的病原体放归世界。随着气温升高，这只会愈演愈烈，并且制造出一种历史倒流的奇特效果，就好像工业革命的累积效应在我们周围逐渐展开，带我们回到托马斯·米奇利在实验室里努力钻研的时代，回到尤金·席费林站在公园里打开鸟笼的时代，回到威廉·佩特森做着帝国梦的时代。我们不知道接下来一个世纪会有多少人死于气候变化，我们也不知道气候变化会在哪些方面改变我们的社会，但我们的确知道至少有一个受害者失去了生命，就因为我们人类的一系列决定导致了意想不到的后果，把僵尸炭疽从坟墓召唤回人间。那个受害者恐怕不会是最后一个。

2016 年 5 月 7 日，距离倒霉的玛丽·沃德因车祸丧生的那个夏日清晨就快过去 150 年，在佛罗里达威利斯顿市附近的一条路上，乔舒亚·布朗正坐在开启了自动驾驶模式的特斯拉 S 型汽车里。后来的调查显示，在 37 分钟的行程里，他把手放在方向盘上的时间只有 25 秒，而在剩下的时间里，他完全依靠汽车的软件来控制驾驶。当一辆卡车从侧向驶入时，布朗和软件都没有发现，直接就撞了上去。

乔舒亚·布朗成了世界上第一个死于自动驾驶汽车事故的人。

欢迎进入未来。

后记

搞砸未来

2018年4月，澳大利亚宣布重新启用一座先前关闭的燃煤电厂。这显然很不寻常，因为全世界正试图慢慢抛弃导致气候变化的化石燃料，重启燃煤电厂看起来是个很奇怪的举动；然而更不寻常的是，重启该电厂的主要目的，居然是为了给一家开采加密货币的公司提供廉价电力。

比特币是最广为人知的加密货币，但整个加密货币的生态系统在不断扩大，因为有很多公司在飞快推出新币种，都想趁机大赚一笔。这些货币不像黄金那样“开采”出来，它们只是一段段计算机代码，其中大部分基于所谓的区块链技术——在这种技术中，每个虚拟货币不仅是一件具有符号价值的商品，还是一份记录其自身交易历史的总账。首先，不管产生虚拟货币，还是处理它们越来越复杂的交易记录，都需要非常强大的计算能力；然后，不管是运行越来越大的数据中心来完成“加密开采”，还是给运算设备提供制冷来防止过热，这些都会疯狂地消耗电力。

加密货币没有任何内在价值，而且按照设计，大多数加密货币都没有任何中央机构来调控其流通。唯一的限制因素就是产生和交易这些货币所需的计算成本。但是，有些人相信它们是未来的货币，这导致很多加密货币价格暴涨，因为大家都觉得它们有价值，或者至少是觉得马上就会有下一个认为它们更值钱的傻瓜来接手，直到突然之间没有人愿意接盘。因此，它们的价格极不稳定，完全取决于市场的情绪。这是典型的金融狂热，泡沫不断地形成和破裂，每个人都努力不让自己在鼓声停止时手中握着那朵突然一分不值的花。

但是像大多数投机狂热一样，它也会对现实世界产生影响。不仅仅是澳大利亚重新启用了一座燃煤电厂，在美国西部的农村地区，在淘金热第一次让人涌入西部的 170 年后，在一夜暴富的前景诱惑下，新的淘金热正愈演愈烈。因为电价和租金很便宜，所以在华盛顿、蒙大拿、内华达等州的小城镇上，众多加密货币公司正投资数亿美元来建立非常耗电的超大型加密矿场。在这些 21 世纪探矿者进驻的一个小镇，当地居民抱怨说那些服务器昼夜不停地轰鸣，让人睡不着觉，影响了他们的健康，还把野生动物都吓跑了。

据估计，到 2018 年底，仅开采比特币消耗的电力就将与奥地利全国的用电量相当。

本书一直在讲我们过去的失败和错误。但我们如今正在犯的错误呢？今后将会犯的错误呢？未来我们可能又会捅出什么样的娄子呢？

正如前面提到的，如果你想让未来的历史学家认定你很愚蠢，做预测保证能让你得偿所愿。也许再过几十年或几百年，人类会犯下一系列完全原创、新颖的错误；也许我们会想出办法再也不犯错误。但是，如果你真想打赌，明智的选择是我们多半会继续犯以往犯过的那些错误。

那么，就让我们从那些显然的事实开始。

我们一直随意地把各种东西丢进环境中，理由是这样做应该没啥大问题。比如自工业革命开始以来，我们一直在愉快地“烧炭”，而这实际上会毁掉每个人的好日子。

人为造成的气候变化是真实存在的，而且对世界各地的很多社区以及文明的很多方面来说，它都是一个潜在的生存威胁；这一点目前已经是相当确定的科学事实，因此再把相关证据啰唆一遍会显得很无聊。这一切不可能像聚合水或N射线一样，在若干年后反转成令人尴尬的骗局。然而很明显，仍有很多人否认这个事实，而且他们有充足的理由——金融的，政治的，或者就是喜欢唱反调。因此，每当我们似乎可以在“真正有所作为”的阶段取得些进展时，我们总是会被拖回“争论它是否真实存在”的阶段。这几乎就是当年加铅汽油制造商用过的战术：你不需要证明对方是错的，你只须坚称这事儿还没有定论，然后一直拖下去，同时轻松愉快地攫取巨额利润。

因此，我们就是一起在玩儿“我听不见你说什么”的游戏，尽管我们本该像家里着火了一样惊慌失措……其实当前的形势差不多就是这样严峻。在有记录以来最热的 18 个年份中，有 17 个是在 2000 年以后。2018 年 4 月，大气中二氧化碳的浓度超过 410ppm[1] 的临界值，这是我们目前所处地质年代中的第一次。上次达到这么高的浓度是在大约 320 万年前的中更新世暖期，也就是露西从树上摔下来的时候。如果你心里嘀咕说“哦，好吧，既然以前有过这么高的时候，那就不算太严重”，那我告诉你，那时的海平面比现在高 60 英尺。

哦对了，气候变化还不是二氧化碳造成的唯一影响。事实上，之所以要监测大气中二氧化碳的浓度，一个原因是海洋会吸收一部分二氧化碳。听起来是个好消息，对吧？其实不然。海水和你的男朋友很像，相当“碱单”——换句话说，海水更加偏碱性而不是偏酸性。但是，吸收二氧化碳会使它变得偏酸性，而酸性越强，对各种海洋生物（从小型软体动物到大型鱼类）的影响就越大。

还有，如果这与海洋变暖同时发生的话，情况就会更糟。不幸的是，这就是现状。你想要一个实例来说明海里的情况到底有多严重？作为真实的自然界里真实的奇迹之一，大堡礁正

[1] ppm（parts per million），浓度单位，表示某溶质质量占全部溶液质量的百万分比。

以惊人的速度消亡，因为连续两年的大规模白化[1]已经导致珊瑚大面积死亡。

伙计们，我觉得这事儿很可能已经搞砸了。

当然，我们一直积极而又决然地给自己挖下的坟坑远远不止这一个。我们不是没有选择啊，伙计们。例如在 2018 年 5 月，有报道称科学家发现氯氟烃的排放量又急剧增加。在世界的某个地方，很可能是在亚洲，又有人捡起托马斯·米奇利的发明，开始生产那些本该被禁用的东西。这可能会使臭氧层的恢复推迟十年。伙计们，干得漂亮，我们就是要这样“从错误中吸取教训”。

或者，我们也可以说说抗生素耐药性。抗生素以及其他抗菌药物是 20 世纪最伟大的进步之一，拯救了无数生命。但是，就像复活节岛上那些砍树的家伙一样，我们使用抗生素也是用得太多、太频繁了。问题在于，你每次使用一种抗生素，你都在增大其中一种或多种细菌对这种抗生素产生耐药性的机会，因此你就等于是在扼杀细菌的对手。滥用抗生素加速了细菌的进化，因为我们的行为会催生耐药的新菌株，而这些超级细菌有可能会让历史上各种严重疾病卷土重来，甚至都不需要永久冻土层融化。

结果，世界上有效的抗生素正迅速耗尽——当然，还有部

---

[1] 即珊瑚颜色变白。珊瑚本身是白色的，表面的颜色来自与珊瑚共生的海藻。近年来，海洋温度升高，海藻也逐渐减少，导致珊瑚变白，进而死亡。

分原因是抗生素的利润太低，制药公司不肯投入足够资源来研发新的抗生素。据估计，目前每年已经有 70 万人死于对抗生素产生了耐药性的疾病。

又或许，我们将来的衰落是因为我们不断地把决策丢给计算机算法，指望这能让我们的决策更英明，而且一旦出了岔子，还可以让算法替我们背锅。除了自动驾驶汽车，算法还在帮我们决定买卖什么股票、让社交媒体推送什么新闻、计算罪犯再次犯罪的可能性。我们喜欢认为这些算法会比人类更理性，然而实际上，它们也同样可能放大我们输入的所有偏见和错误假定。

对于把决策丢给计算机这事儿，我们的担忧不会就此打住，因为人工智能的研究正在迅速取得进展。我们应该担心的是，假如我们真的搞出了比人类更聪明、更能干的人工智能，我们可能会错误地以为它是自己人。它也许有能力操纵我们来达到它自己的目的，或者把我们看成威胁并因此摧毁我们，又或者它就是意识不到人类比制造回形针（或者我们之前给它设定的随便什么任务）更重要，最终把我们当成用来完成目标的原材料。我们或许会把自己变成科学怪人弗兰肯斯坦，被我们自己创造出来的怪物所毁灭。这样的前景看似遥不可及，但令人担忧的是，有很多公认的聪明人似乎都对此相当认真。

又或者，还没等前面说的这一切发生，我们就迫不及待地在一场核战争中自爆了。

又或者，这场终极灾难并不会那么紧张刺激。没准儿我们就是靠自己的懒惰，悄无声息地决定了屎一样的未来。自从我们“挣脱地球粗暴的束缚”，进入太空时代以来，几乎就像在地球上一样，我们在太空中也随意丢弃不再需要的东西。毕竟太空那么老大，扔点儿垃圾进去能有多大事儿？

这就是凯斯勒综合征的起因。早在1978年，美国国家航空航天局的科学家唐纳德·凯斯勒就预言了这个问题，然而这并没有阻止我们把破烂儿丢进太空。问题是，当你把东西扔到太空轨道上时，它们真的是哪儿都不去。这可不像你把炸薯片的包装袋扔出车窗，然后转头就可以忘了这事儿——从被丢弃开始，太空垃圾会以基本不变的速度，一直在基本不变的轨道上运行下去。当然有的时候，它们会与其他太空垃圾发生碰撞。

然后麻烦就来了：由于在轨物体的运动速度非常快，所以碰撞极具破坏性。对于卫星或空间站来说，即使是被非常小的碎片撞一下，也会导致灾难性后果。而且呢，那些致命碰撞又会产生成千上万的太空碎片，然后它们可以造成更多碰撞。这正是唐纳德·凯斯勒当年预言的局面：最终太空会变得极为拥挤，以至于这个过程将达到临界点，使得每一次碰撞都会导致越来越多的碰撞，直到我们的星球完全被密密麻麻的高速垃圾导弹封锁。最终的结果就是，卫星没用了，太空发射变得要命了，而我们可能又要实打实地被地球绑定了。

在某种程度上，这感觉就像是数百万年前露西没能开始的这段旅程，将会带着诡异的诗意走到尽头。所有那些探索，所有那些进步，所有那些宏伟梦想和理念，最终却让我们落得个这样的下场：被我们自己制造的垃圾囚禁在我们的星球上。

无论我们的未来如何，无论明年、下一个十年和下一个世纪发生什么令人困惑的变化，看来我们很可能继续我行我素。我们仍将把自己的苦难归咎于他人，精心地虚构幻想世界，这样就不用去想自己的罪孽。我们仍将把民粹主义领导者当成经济危机之后的救命稻草；我们仍将争夺金钱；我们仍将屈服于群体迷思、狂热和证实偏见；我们仍将告诉自己，我们的计划非常好，啥问题都没有。

又或者……我们不会再重蹈覆辙了？或许从这一刻起，我们改变了，我们开始吸取历史教训了。或许那一切都只是我悲观而已；或许，不管如今的世界有时看起来多么让人无语和压抑，人类实际上还是在变得更加明智、更有见识，而我们实际上非常幸运，即将迎来一个不再把事情搞砸的新时代。或许，我们真的有能力成为更好的人类。

或许有那么一天，我们再也不会从树上摔下来。

致谢

要不是有很多人帮助，我就写不出这本书。首先我得感谢经纪人安东尼 · 托平，没有他这本书真就没戏了。然后是亚历克斯 · 克拉克、凯特 · 斯蒂芬森、埃拉 · 戈登、贝姬 · 亨特、罗伯特 · 奇尔弗以及海德林出版集团的整个团队，很高兴能与你们合作，很抱歉截稿日期一再推迟。还要感谢威尔·莫伊以及“全部真相”网站的员工，别的不说，至少你们等我等了那么久。

感谢我的家人，感谢我的父母唐和科莉特，还有我那真正名副其实的历史学家兄弟本，感谢你们一直以来的支持和帮助。感谢汉娜 · 朱厄尔提供了趣味历史读物的灵感、见解以及对鬼魂的共识。感谢凯特 · 阿克勒斯－格雷提供的精明建议、富有同情心的倾听，最重要的是还帮我看家。感谢马哈 · 阿塔尔、克里斯 · 阿普尔盖特以及尼基 · 里夫斯与我进行了饶有趣味的讨论，并提出很多建议。还要感谢那些推特历史学家，感谢你们的可靠、优秀和乐于助人；尤其是格雷格·詹纳（我在“开场白”中不太严谨地引用了他的言论）和弗恩·里德尔；请大家也买他们写的书。现在呢，我就是要再加一些人进来，好显得我朋友多。达米安·卡亚和霍莉·卡亚、詹姆斯·鲍尔、罗丝·布坎南以及阿姆纳·萨利姆，还有很多其他朋友，感谢你们提供了良言和美酒。在写作的最后阶段，我隔三岔五就能碰见凯利·奥克斯，正是这些偶遇给了我坚持下去的动力。我还要感谢汤姆·奇弗斯，很遗憾我们没能共进那顿午餐。在我写作期间，圣堂乐队（CHVRCHS）发行了一张很猛的专辑；我把他们放在这里，仅仅是希望有人会心不在焉地扫一眼他们的名字，但又不会真的去看上下文，然后就会以为我的生活非常高大上。按照这个逻辑，我还要感谢碧昂丝、凯特·布兰切特和大卫·鲍伊的鬼魂。

当然了，本书中的任何疏漏都是我一个人的责任，跟他们谁都没关系——除了大卫·鲍伊的鬼魂。

延伸阅读

在写作本书的某些章节时，我着重翻阅了很多书籍，所以我应该专门表示感谢。（其中有些内容已被本书引用）

因为篇幅所限，有些问题和事件在本书中仅仅点到即止，所以如果你想更深入地了解和钻研，下面列出的这些书籍都非常值得一读。

有关认知怪癖的章节提到了丹尼尔·卡尼曼的《思考，快与慢》，它为我们理解人类的思维方式打下了基础。同时，罗伯特·E. 巴塞洛缪的《缤纷大众妄想史》（*A Colorful History of Popular Delusions*）也是一本优秀力作，探讨了狂热、疯狂、风潮和恐慌。

贾雷德·戴蒙德的《崩溃》为复活节岛相关的章节提供了大量信息；事实上，那一整节都渗透着他的影响力。

福尔克尔·乌尔里希的《希特勒传：跃升年代》为我提供

了大量有关希特勒的素材，角谷美智子也对乌尔里希这本书做了精彩点评——如果你非常喜欢怼人不带脏字的推文，那你肯定应该能领会到那篇书评的核心意涵。

我还多次引用了道格拉斯·瓦特所著的《苏格兰的价格》(*The Price of Scotland*)，这本书对威廉·佩特森的愚蠢行为做了深刻而又细致的剖析。

弗兰克·麦克林恩所著的《成吉思汗：征服世界的人》(*Genghis Khan: The Man Who Conquered the World*)，还有杰克·威泽弗德所著的《成吉思汗与今日世界之形成》(*Genghis Khan and the Making of the Modern World*)，这两本书都是我探讨花剌子模帝国的重要参考。

我还想吼出另外两本先驱之作：比尔·福塞特所著的《改变历史的100个错误》(*100 Mistakes that Changed History*) 和卡尔·肖所著的《猛犸丛书之失败者》(*The Mammoth Book of Losers*)。在这两本读起来津津有味的书中，都有几个非常好的搞砸事例是我以前不知道的。

图书在版编目（CIP）数据

愚蠢的人类 /（英）汤姆·菲利普斯著；
姜文波译 . -- 上海：文汇出版社，2020.11
ISBN 978-7-5496-3149-0

Ⅰ . ①愚… Ⅱ . ①汤… ②姜… Ⅲ . ①社会发展史-通俗读物
Ⅳ . ① K02-49

中国版本图书馆 CIP 数据核字 (2020) 第 053127 号

版权登记图字 09-2020-292

愚蠢的人类

作　　者／〔英〕汤姆·菲利普斯
译　　者／姜文波
责任编辑／何　璟
特邀编辑／欧阳钰芳　杨静武
装帧设计／李照祥
内文制作／王春雪
出　　版／文匯出版社
上海市威海路 755 号
（邮政编码 200041）
发　　行／新经典发行有限公司
电　　话／010-68423599　邮　　箱／editor@readinglife.com
印刷装订／山东韵杰文化科技有限公司
版　　次／2020 年 11 月第 1 版
印　　次／2020 年 11 月第 1 次印刷
开　　本／850×1168　1/32
字　　数／130 千
印　　张／8.5

ISBN 978-7-5496-3149-0
定　　价／58.00 元

Humans: A brief history of how we fucked it all up by Tom Phillips
Copyright © 2018 Tom Phillips
First published in 2018 by Wildfire
an imprint of Headline Publishing Group
Simplified Chinese edition copyright
© 2020 Thinkingdom Media Group Limited